Inhalt

Wellness mit Rosen

SPEZIAL

Lassen Sie sich vom Duft orientalischen Rosenöls verführen und genießen Sie den Luxus in Rosen zu baden.

Rosendeko mit Charme

SPEZIAL

Lernen Sie klassische wie trendige Rosenfloristik kennen und profitieren Sie von Ideen, die Ihre Gäste entzücken werden.

Köstlich, betörend, romantisch

Sie ist ein Mysterium. Geliebt und verehrt. Keine Blume, die in den verschiedensten Kulturen höher besungen worden wäre als die Rose.

Rosen sind mehr als vielgestaltige Gartenzierde. Was man alles mit und aus Rosen herstellen kann, das erfahren Sie auf den folgenden Seiten. Erfreuen Sie Ihre Mitmenschen, indem Sie mit duftenden Rosenblüten kochen und schöne Geschenke überreichen.

Aus den spannenden Informationen über die Inhaltsstoffe der Rose können Sie praktischen Nutzen für Ihre Gesundheit ziehen. Mit Rosen-Essenzen steigern Sie Ihr Wohlbefinden. Lassen Sie sich inspirieren, traumhaft schöne Rosendekorationen für festliche Anlässe zu kreieren.

Das alles sind sinnliche Erlebnisse für Genießer, die das Leben ästhetisch bereichern und seelisch beflügeln. Ein Biss ins Brötchen mit Rosenmarmelade und Sie werden sofort auf den Geschmack kommen!

Die Geschichten und Rezepte zu „Kulinarisches, Duft und Dekoration" sollen Ihnen aufregende Anregung sein, selbst auf Entdeckungstour ins wunderbare Reich der Rosen aufzubrechen.

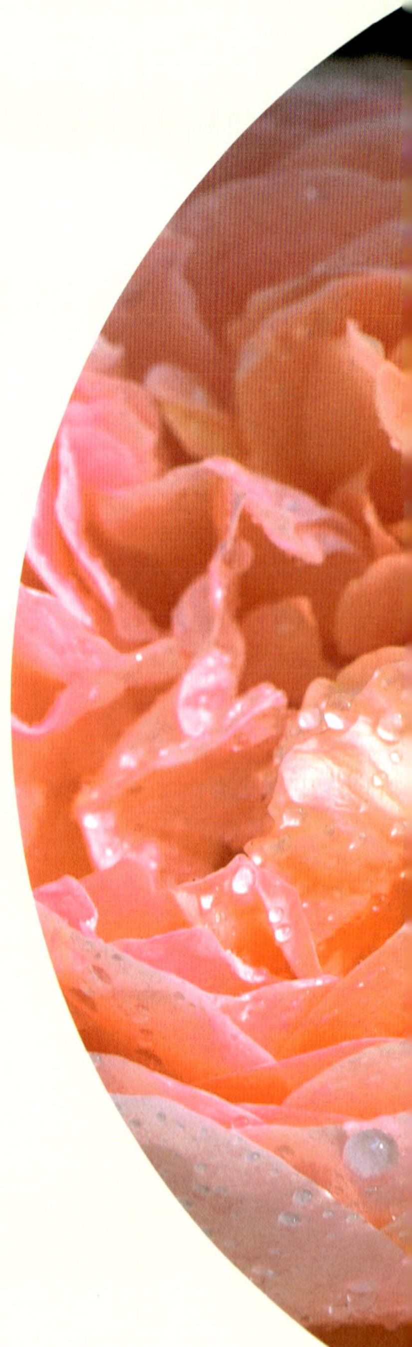

Feine Rosenküche

Eine blumige Köstlichkeit

Die Blütenküche wird derzeit wiederentdeckt und findet immer mehr Liebhaber. Nummer eins beim Blütenschmaus war und ist die Rose.

Rosen in der Küche

Die beste Nachricht zuerst: Es gibt unendlich viele traumhaft duftende Rosensorten und alle sind essbar! Manche Blütenblätter (Petalen) sind kräftig und relativ fest. Sie sind für Auszüge aller Art geeignet. Andere sind hauchdünn und so zart, dass sie gezuckert als Dessert oder in Butter und Gelee gegessen werden können.

▸ **Die einzelnen Düfte** variieren teilweise sehr stark. Manche duften fruchtig nach Apfel oder Zitrone oder leicht und flüchtig nach verschiedenen Blütendüften. Andere sind so süß und orientalisch schwer, dass man beim Einatmen fast ins Taumeln gerät. Wenn Sie für eigene Rezepte experimentieren, denken Sie daran: Rosen schmecken, wie sie duften!

▸ **Voraussetzung** für den Verzehr ist natürlich, dass die Blumen nicht mit Pflanzenschutzmitteln behandelt wurden. Deshalb sind Schnittblumen, egal ob vom Floristen, Gartencenter oder Markt, für die Zubereitung von Speisen und Getränken absolut tabu. Auch auf die Ernte von Wildrosen, die an Autobahnen oder sonstigen viel befahrenen Straßen wachsen, sollte man verzichten. Kaufen Sie deshalb Rosen aus biologischem Anbau oder ernten Sie im eigenen Garten.

Duftrosen zum Verzehr

Den intensivsten Duft und Geschmack haben die sogenannten Alten Rosen:
Rosa x *centifolia* (Hundertblättrige Rose, Kohlrose, Zentifolie), z. B. Sorte 'Fantin Latour'
Rosa x *damascena* (Damaszenerrose, Portlandrose), z. B. Sorte 'Celsiana'
Rosa x *alba* (Weiße Rose), z. B. Sorte 'Maiden's Blush'
Rosa gallica (Essigrose, French Rose), z. B. Sorte 'Empress Josephine'

So gelingt's ...

Die Ernte sollte am besten früh morgens erfolgen, noch bevor die Sonne hochsteigt. Schneiden Sie mit einer Rosenschere kräftige, gerade geöffnete Blüten ab. Sie haben den stärksten Duft und halten am besten in der Verarbeitung.

▸ **Vor der Zubereitung** in der Küche immer zuerst den weißlich gelben Ansatz jedes einzelnen Blütenblatts abschneiden. Er schmeckt mehr oder weniger bitter und kann den zarten Rosen-

Bekannt als Heckenpflanze: Rosa rugosa (Kartoffelrose).

geschmack des fertigen Gerichts beeinträchtigen.

▸ **Die Rosenpetalen** direkt im Anschluss daran in eine Schüssel mit möglichst kaltem Wasser legen und nur kurz schwenken. Nicht mit den Händen durchmischen – die Gefahr, dass die empfindlichen Blätter knicken und matschig werden, ist zu groß. Wasser durch ein Sieb abgießen, Petalen breit verteilt auf ein sauberes, trockenes Küchentuch geben und dort trocknen lassen, vorsichtig abtupfen oder eventuell das Küchentuch etwas hin und her rütteln.

Sie können die einzelnen abgezupften und geputzten Blütenblätter in der Küche verwenden. Aber auch ganze Rosenköpfe kommen zum Einsatz. Diese sollten nur leicht geöffnet sein, also eine idealtypische Rosenform haben. Sie werden vor der Weiterverarbeitung zunächst kopfüber ausgeschüttelt, um größere Insekten zu entfernen. Anschließend werden sie am kurzen Stiel durchs kalte Wasser gezogen und „trockengeschleudert". Es versteht sich von selbst, dass nur einwandfreie Blüten ohne Lausbefall oder Fraßschäden in der Küche Verwendung finden.

SMART

Günstig

› **Für Einsteiger** geeignet, da leicht zu beschaffen, sind einheimische Rosenarten wie *Rosa spinosissima* (Bibernell-Rose) oder *Rosa rubiginosa* (Wein-Rose, Eglantine) und die eingebürgerte *Rosa rugosa* (Kartoffelrose).

Nimm Rosen zum Brot

Feine Brotaufstriche mit Rosenaroma können Sie aus selbst gemachten „Basics" wie Rosensirup herstellen: 4–5 Hand voll Blütenblätter (ca. 150 g) in 1 Liter Wasser mit dem Saft von 2 Zitronen aufkochen, zugedeckt 20 Minuten ziehen lassen, absieben, mit 1 kg braunem Rohrzucker 30 Minuten lang dick einkochen. Mit dem feinen Sirup kann man Quark oder Fruchtaufstriche aromatisieren. Versuchen Sie auch die folgenden, ganz besonderen Rezepte.

Extravaganter Brotaufstrich: Rosenbutter

Süße Rosenbutter

- **250 g Süßrahmbutter**
- **100 g Puderzucker**
- **1 EL Rosenwasser (Apotheke)**
- **50 g Duftrosen-Blütenblätter (Farben: rosa, apricot, rot)**

1 Die zimmerwarme, weiche Butter mit dem Puderzucker verrühren, bis die Masse leicht schaumig wird. Rosenwasser unterrühren.
2 Die gewaschenen, geputzten Rosenblütenblätter mit einem scharfen Messer klein schneiden und sofort unterheben. Um die Butter „in Form" zu bringen, haben Sie verschiedene Möglichkeiten, zum Beispiel in ein Butterförmchen füllen und glatt streichen oder in Kugeln oder als Rolle eng in Alufolie einwickeln. Ist die Masse dafür zu weich, kurz kühler stellen, damit sie etwas fester wird. Sie können auch die weiche Buttermasse fingerdick auf ein Brett oder Folie aufstreichen und später Herzchen ausstechen. Oder Sie formen mit einem Eisportionierer direkt aus der Masse Kugeln und legen diese in eine Schale auf Eiswürfel.
3 Alles im Kühlschrank gut durchkühlen lassen (Minimum 1 Stunde).
4 Vor dem Servieren herausnehmen und wahlweise mit im Mörser pulverisiertem Vanillezucker, Kandiszucker oder Rohrrohzucker bestreuen. Schön: Zucker in Mischung mit warmen Gewürznoten wie Ingwer, Nelke, Zimt, Kardamom und Sternanis (nur ein Hauch!). Die Butterrolle aus der Alufolie wickeln, im (Gewürz-)Zucker wälzen und in Portionsscheiben schneiden.

5 Zum Anrichten eventuell mit einzelnen Rosenblütenblättern dekorieren. Passt zu Milch- und Weißbrot.

Zartes Geschmackserlebnis: Rosengelee

Rosengelee mit Ingwer

- 150 g Rosenblütenblätter
- 250 ml Rotwein
- 750 ml Wasser
- Saft von 4 Zitronen
- frische Ingwerknolle
- 1 kg Gelierzucker

1 Abgezupfte Blütenblätter putzen, kurz waschen und abtropfen lassen. In einen Topf füllen und mit Wein, Wasser, Zitronensaft sowie 2 Stückchen Ingwer mischen.

2 Mit dem Deckel fest verschließen und mindestens 12 Stunden durchziehen lassen. Dann kurz aufkochen, absieben und wieder abkühlen lassen. Gelierzucker unterrühren und erneut aufkochen.

3 Wie üblich bei Gelee etwa 4 Minuten sprudelnd kochen lassen und sofort in heiße, sterilisierte Gläser füllen. Mit Schraubdeckel verschließen und 5 Minuten auf den Kopf stellen.

Variante

Statt Wein Apfelsaft und nur 2 Zitronen nehmen.

SMART

Rosentoast zum Tee

› **Reichen Sie** zum feinen englischen Nachmittagstee Ihren Gästen Toasthäppchen nach Sandwich-Art (ausgestochene Weißbrot-Herzchen oder -Kreise), bestrichen mit etwas Rosenbutter und belegt mit je einem frischen Rosenblütenblatt.

Rosentorten

Das ist etwas für Verliebte! Romantischer geht es nicht. Zuckersüße Torten, Kuchen und Plätzchen, die rosarot erstrahlen, mit Rosenaroma verfeinert oder mit Rosenblüten verziert sind – oder auch alles zusammen. Wer soll da nicht schwach werden! Ob zum Valentinstag oder zur Verlobung, zum Geburtstag oder einfach mal so („weil ich dich lieb hab“), rosiges Zuckerwerk macht nicht nur Rosenfans zu Romantikern.

Schneller Rosenbiskuit

- 1 fertiger, 3-teiliger Biskuitboden
- 250 g Himbeeren (frisch oder TK)
- 100 g Rosengelee
- 400 g Schlagsahne
- 2 Päckchen Sahnesteif
- 100 ml Rosen-Fluid: Rosenwasser, -sirup oder -likör

Zum Verzieren:

- 1 gezuckerte Rose
- gezuckerte Rosenblütenblätter (siehe Seite 20/21)
- evtl. frische Rosenblütenblätter
- evtl. Mandelblättchen

1 Gelee durch Erwärmen verflüssigen und mit den geputzten frischen oder aufgetauten Tiefkühl-Himbeeren vermengen. Sahne mit Sahnesteif schlagen und etwa ein Drittel mit der Himbeermasse mischen.
2 Zwei Biskuitböden mit dem Rosen-Fluid beträufeln und mit der rosa Himbeersahne bestreichen. Übereinander schichten, letzten Boden auflegen und die Torte ringsum mit der weißen Sahne bestreichen. Mit Messerspitze oder Löffel ein bizarres „Eisberg“-Muster auftupfen.
3 Nach eigener Vorstellung garnieren, zum Beispiel mit einer gezuckerten Rosenblüte in der Mitte und frischen und gezuckerten Rosenblütenblättern über die Fläche gestreut. Auch geröstete Mandelblättchen passen geschmacklich wie optisch.

Rosa Rosenglasur

Für 250 ml:

- 200 g Puderzucker
- 100 ml Flüssigkeit (Rosenwasser, Zitronensaft)
- 1/2 TL Vanilleessenz
- Lebensmittelfarbe rosa

SMART Basics I

› **Sie können alle** Rosen-Basics, also Grundprodukte aus Rosen (Rosenwasser, Sirup, Gelee, Essig, Mus, Likör, Brandy etc.) selbst herstellen. Es gibt sie aber auch fertig zu kaufen (Adressen siehe Infoseite hinten im Buch).

Zum Aprikotieren:

- Aprikosenmarmelade
- Zitronensaft
- Wasser

Zum Verzieren:

- Zuckerröschen, Zuckerblätter

1 Backen Sie Ihrem oder Ihrer Liebsten einen kleinen Kuchen in Herzform. Egal ob Biskuit, Rührkuchen, Sandkuchen oder Schichttorte – der Lieblingskuchen sollte es sein. Diesen überziehen Sie dann mit einer Puderzuckerglasur, die nach Rose aussieht und auch so schmeckt!
2 Puderzucker in eine Schüssel sieben. Zitronensaft, Rosenwasser, Vanilleessenz und Lebensmittelfarbe unterrühren. So viel Wasser zugeben, dass eine weiche Masse entsteht.

Süß, duftend, rosarot – für frisch Verliebte

3 Den warmen Kuchen zunächst dünn aprikotieren (Aprikosenmarmelade mit etwas Zitronensaft und Wasser verrühren, erwärmen und den Kuchen damit bestreichen). So gelangen später keine Krümel in den Zuckerguss. Kuchen ein paar Minuten abkühlen lassen.

4 Den Zuckerguss leicht erwärmen (am besten im Wasserbad), bis er dickflüssig ist. Durch Zugabe von mehr Puderzucker oder mehr Wasser lässt sich auch jetzt noch die Konsistenz regulieren. Die Glasur auf den Kuchen gießen und an den Seiten herunterlaufen lassen. Mit einem breiten Messer glatt streichen. Tipp: Auffangschale unter das Kuchengitter stellen.

5 Solange die Masse noch weich ist, lassen sich Zuckerröschen und -blätter aufdrücken, sie kleben dann fest. Ebenso können Schriftzüge oder andere Verzierungen aufgebracht werden. Und was für den Kuchen gilt, klappt auch mit Plätzchen. Besonders gut geeignet sind Doppeldeckerplätzchen aus Mürbteig, zum Beispiel mit Aprikosenfüllung, da sie mehr Volumen haben. Gerade bei der Herzform macht die Stärke etwas mehr her.

SMART

Basics II

› **Schaffen Sie sich** einige Rosen-Basics an. Damit können Sie jederzeit Rezepte ausprobieren und selbst experimentieren, unabhängig von der Erntezeit der Rosen.

Ein Prosit auf die Rose!

Darf es ein Schlückchen Rose sein? Verwöhnen Sie Ihre Gäste mit selbst bereiteter Rosenlimonade, Rosenbowle oder – wenn es etwas Stärkeres sein darf – mit Rosenlikör. Die Blüten von Zentifolien und Damaszenerrosen ergeben das umwerfendste Parfum für diese und weitere flüssige Köstlichkeiten. Das Rosenaroma verbindet sich harmonisch mit allerlei alkoholischen Noten, aber auch mit warmen Gewürzen wie Zimt und Vanille. Diese Rezepte sind nur einige von vielen. Lassen Sie sich anregen, weitere Varianten auszuprobieren!

SMART

Blütenlese

› **Denken Sie daran,** immer frische, einwandfreie, ungespritzte Rosen von stark duftenden Sorten zu verwenden. Den bitteren Stielansatz der Petalen abschneiden. Nur kurz in kaltem Wasser waschen und gleich abtropfen lassen oder trocken tupfen. Am besten die Blütenblätter sofort weiterverarbeiten.

Rosenlikör

Für 2 Flaschen:

- **350 g stark duftende Rosenpetalen**
- **1 Flasche Weißwein**
- **250 ml Wasser**
- **250 g brauner Rohrzucker**
- **1 Zimtstange**
- **1 Flasche Cognac**

1 Wein, Wasser und Zucker vorsichtig erhitzen (nicht kochen!). Rosenblütenblätter und Zimtstange damit übergießen.

2 Verschlossen mindestens 12 Stunden ziehen lassen. Cognac hinzufügen und nun 2 Wochen lang reifen lassen.

3 In Flaschen filtrieren. Kühl und dunkel lagern.

Varianten

mit Kirschwasser und Koriander, mit Rum und Vanille, statt Rohrzucker mal Kandiszucker.

Rosenbowlen

Die Bowle ist das Festgetränk im Sommer schlechthin, die Rose ist die Blume des Sommers. Kurzum: Vereinen Sie die beiden zu einem harmonischen Duo!

▸ Rosenbowle 1 (würzig)

2 Liter leichten Rotwein (warm) mischen mit 4 cl Rosenlikör, 150 g braunem Zucker, 100 ml Orangensaft, je 1/2 Zimt- und Vanillestange. Etwa 150 g Duftrosenblüten untermengen. Zugedeckt 6 Stunden ziehen lassen. Dann in eine Bowleschüssel abseihen und mit je 1 Flasche kaltem Sekt und Mineralwasser auffüllen. Eiswürfel zugeben und eine Hand voll kleiner Rosenblütenblätter überstreuen.

▸ Rosenbowle 2 (spritzig)

Die Blütenblätter von 5 Duftrosen in einem Bowlegefäß mit 100 g Zucker mischen und ein paar Minuten stehen lassen. 1 Flasche Weißwein (Riesling) zugießen und für 2 Stunden kalt stellen. Dann die Blütenblätter mit dem Schaumlöffel herausfischen. Mit 1 Flasche Mosel-Weißwein auffüllen und zum Schluss 1 Flasche gut gekühlten Sekt zugeben.

▸ Rosenbowle 3 (stark)

Etwa 50 stark duftende Rosenpetalen in die Bowleschüssel legen, mit 100 g weißem Zucker und 1 Prise Salz betreuen und mit 4 cl

Weinbrand oder Armagnac begießen. Abgedeckt 2–4 Stunden im Kühlschrank ziehen lassen. 1 Flasche Riesling hinzugeben und noch mal 2–4 Stunden kalt stellen. Abseihen. Kurz vor dem Servieren mit gut gekühltem Sekt aufgießen und einige kleine, weiße Rosenblüten schwimmen lassen.

▸ **Rosenbowle 4 (edel)**

250 g Duftrosenblütenblätter mit 150 g Zucker, 100 ml Grand Marnier und dem Saft von 2 Zitronen vermischen. Zugedeckt 1–2 Stunden kalt stellen. 1 Flasche trockenen Weißwein zugießen und

Früchte und Rosenblüten in der Bowle vereint

noch mal 1–2 Stunden ziehen lassen. Dann ins Bowlegefäß abseihen. Die Gläser der Gäste halb füllen und mit eisgekühltem Champagner aufspritzen.

▸ **Rosenbowle 5 (rosig)**

Die Petalen von 5 Duftrosen mit Rosenwasser, Rosenlikör, Rosensirup (statt Zucker) und Riesling ansetzen. Mit gut gekühltem Prosecco aufgießen.

▸ **Rosenbowle 6 (fruchtig)**

Blütenblätter von 5 Duftrosen zusammen mit 500 g Erdbeeren (oder 250 g hocharomatischen Walderdbeeren) in je 4 cl Cognac und Rosenlikör oder Rosenbrandy kurz ziehen lassen. Herb-fruchtigen Weißwein zugießen und kurz vor dem Servieren mit gut gekühltem, trockenem Sekt auffüllen.

SMART

Lagerung

› **Für späteren Bedarf:** Rosenpetalen einfrieren oder trocknen. Kurzzeitig lagern: in etwas Zitronensaft mariniert im Plastikbeutel kühl halten.

Hagebutten – die Früchte der Rosen

Die Rose hat neben schönen und duftenden Blüten auch noch vitaminreiche Früchte zu bieten. Aber nur einfache Arten oder halbgefüllte Sorten bilden die Hagebutten aus. Erntezeit ist der Herbst. Gerade richtig für einen vorbeugenden Vitaminschub!

Im Prinzip sind alle Hagebutten essbar. Allerdings sollte man möglichst fleischige Arten ernten, denn das Pflücken ist schon eine stachelige Angelegenheit und die weitere Verarbeitung auch nicht ohne Mühen. Aber es lohnt sich!

Gesund und lecker

Der Geschmack von Konfitüre, Sirup oder Tee aus Hagebutten ist unnachahmlich. Auch Mus, Saft, Most und Wein, Suppe, Gelee, Creme, Kuchen und Konfekt lassen sich daraus herstellen. Zu den Inhaltsstoffen zählen Vitamine, Gerbstoffe, Pektin und Mineralien. Der Vitamin-C-Gehalt ist bei einigen Arten extrem hoch, etwa 50-mal höher als der von Zitronen. Gärtnerische Züchtung hat sogar zu speziellen Sorten wie der Pillnitzer Vitaminrose ('Pi Ro 3') geführt. Geerntet werden immer gerade vollreife Früchte.

Hagebuttenmark

350 g Früchte waschen und zerschneiden, 45 Minuten in 100 ml Wasser weich kochen. Durch ein Haarsieb passieren. Das Mark mit 70 g Zucker 5 Minuten einkochen.

Trocknen

Geputzte Schalen sowie gesiebte Kerne bei 50 °C im

Vitaminreich und schmackhaft: Hagebuttenkonfitüre

Backofen trocknen. In sauberen Schraubdeckelgläsern aufbewahren.

SMART

Hagebutten mit Heilkraft

- ***Rosa canina*** (Hunds-Rose, Hecken-Rose): büschelartig, klein, rot
- ***Rosa rugosa*** (Kartoffel-Rose, Runzel-Rose): groß, flachkugelig, rot
- ***Rosa rubiginosa*** (Wein-Rose, Eglantine,): kugelig oder eiförmig, rot

Hagebuttentee

Für einen fruchtigen Tee zur Steigerung der Abwehrkräfte: Etwa 2 EL frische Hagebuttenschalen (oder getrocknete, die 12 Stunden warm vorgequollen sind) in 250 ml Wasser 5–10 Minuten kochen, absieben. Für einen Nieren- und Blasentee brauchen Sie die steinharten Kerne: Im Mörser die Kerne zerstoßen und über Nacht in Wasser (2–3 TL Kerne auf 250 ml Wasser) einweichen. 30 Minuten kochen, absieben.

Hagebuttenkonfitüre

- **1 kg Hagebutten**
- **500 ml Wasser (mit etwas Zitronensaft)**
- **500 g Äpfel**
- **1 kg Gelierzucker**

1 Hagebutten waschen, halbieren, Kerne entfernen (Handschuhe!), abspülen, in Wasser 20 Minuten kochen, herausheben, dann Apfelviertel darin weich kochen und diese passieren.
2 Hagebutten zerkleinern (Küchenmaschine), mit Apfelmus und Gelierzucker mischen, 4 Minuten kochen, in Gläser füllen.

Edle Rosen-Desserts

Die Rose als essbare Köstlichkeit hat im Orient Tradition. Der Trend taucht aber auch in Europa immer wieder auf. Zuletzt im 19. Jahrhundert, als zahlreiche Rosen-Grundrezepte entstanden. Ob lange bewährt oder neu erfunden, Rosen-Desserts sind das i-Tüpfelchen eines feinen Menüs.

Rosen-Sorbet

Für 4 Portionen:

- **500 g Himbeeren**
- **1 EL Zitronensaft**
- **100 g Zucker**
- **konzentriertes Rosenaroma, z. B. 1 Tropfen Rosen-Fettöl (siehe Seite 19)**

1 100 ml Wasser mit 100 g Zucker aufkochen, dann abkühlen lassen und Rosenaroma zugeben (oder 50 ml Wasser + 50 ml Rosenwasser mit dem Zucker kochen).
2 Himbeeren waschen, putzen und abtropfen lassen, mit dem Zitronensaft pürieren. Das Fruchtmus durch ein feines Sieb streichen und mit dem Rosen-Zuckersirup mischen.
3 Die Masse in ein flaches Gefäß geben und 6 Stunden in den Gefrierschrank geben.
4 Das Sorbet jede halbe Stunde von außen nach innen durchrühren.
5 Zuletzt kurz vor dem Servieren noch einmal durchrühren, in schöne Gläser löffeln oder in einen Spritzbeutel mit Sterntülle füllen und in Dessertgläser spritzen.

SMART

Garnierung

› **Cremige Desserts** und Eis richtet man gerne in schönen Dessert- oder Trinkgläsern an. Zu den Pastellfarben der Nachspeisen und dem reflektierenden Material Glas passt eine Garnierung mit je einer überzuckerten Rosenblüte (siehe Seite 20/21). Sie glitzert frostig und hat den gleichen pastellfarbigen Charakter.

Sherry-Rosen-Creme

- **4 cl Sherry**
- **3 EL Zucker**
- **Schale von 2 Zitronen**
- **Saft von 1 Zitrone**
- **3 Becher (600 g) Crème double**
- **4 TL (20 ml) Rosenwasser**

1 Sherry mit Zucker und abgeriebener Zitronenschale mischen und über Nacht stehen lassen.
2 Mit Zitronensaft, Crème double und Rosenwasser schaumig schlagen. In Dessertgläser füllen und sofort servieren.

Erdbeer-Rosen-Creme

- **500 g Erdbeeren**
- **100 g Rosengelee oder 50 g Rosensirup**
- **4 cl Rosenlikör**
- **1 Becher (250 ml) Schlagsahne**

1 Die Erdbeeren putzen und pürieren. Gelee oder Sirup erwärmen, Likör unterrühren, zum Fruchtmus geben.
2 Dieses unter die sehr steif geschlagene Sahne heben, eventuell Sahnesteif zur Hilfe nehmen.

Blütenduft, der auf der Zunge zergeht: Rosen-Creme

Köstliche Geschenke

Selbst gemachte Leckereien kommen als Mitbringsel immer gut an. Individueller geht's nicht. Wenn das Gastgeschenk etwas ausgefallener sein soll als die bewährte Erdbeermarmelade, dann probieren Sie doch einmal Spezialitäten mit Rosen aus: duftende Überraschungen, die in Erinnerung bleiben.

Rosen-Essig

Für 500 ml-Flasche:

- **500 ml feiner Weißweinessig**
- **30–40 g Duftrosenblüten (kräftig rot, stark duftend)**

SMART

Was wiegen Rosen?

› **Legt man die** zarten Blütenblätter von Alten Rosen wie Zentifolien oder Damaszenerrosen locker in ein 1-Liter-Gefäß, entspricht die Menge etwa 65–75 g, eine Tasse voll entspricht 10–15 g, je nach Größe der Petalen. 250 Blüten der fünfblättrigen *Rosa rubiginosa* ergeben rund 1250 Blütenblätter. Das entspricht einem Gewicht von ungefähr 100 g.

1 Rosen auseinander zupfen und auslesen, also nur unbeschädigte Blütenblätter weiter verwenden. Den hellen Ansatz der einzelnen Blütenblätter mit einer Schere ausschneiden.

2 Den Essig erhitzen, aber nicht sprudelnd kochen, dann wieder abkühlen lassen. Die Blütenblätter in ein Schraubdeckelglas geben, mit dem abgekühlten Essig übergießen und luftdicht verschließen.

3 2–4 Wochen zum Reifen in die Sonne stellen. In eine dekorative Glasflasche filtrieren. Kühl und dunkel lagern. Das zarte Rosenaroma passt zum Beispiel zu leichten Sommersalaten.

Rosen-Honig

Für 250 g-Glas

- **250 g heller, flüssiger Honig mit zartem Aroma (z. B. Akazienhonig)**
- **50 g Duftrosen**

1 Honig und Blütenblätter in einem Emailtopf geben und 10 Minuten leise köcheln.

2 Den Rosenhonig durch ein Sieb in ein sterilisiertes, heißes Schraubdeckelglas geben und fest schließen.

3 Als Geschenk dekorieren, z. B. mit Rosendekor-Stoff um den Deckel und einem Honiglöffel.

Rosen-Zucker

- **150 g Kristallzucker**
- **50 g getrocknete Rosenblütenblätter**
- **1 P Vanillezucker**

1 Alles zusammen in die Küchenmaschine geben und feinst vermahlen. Wem Handarbeit lieber ist, nimmt einen schweren Mörser.

2 Rosenzucker in kleine Gläschen füllen, beschriften und mit einer getrockneten Rosenknospe dekorieren. Zum Überpudern von Waffeln, Pfannkuchen und Gebäck.

Rosen-Salz

Gemahlene oder zerstoßene getrocknete Rosenblütenblätter werden unter zartkristallines Meersalz („Fleur de Sel") gemischt. Hübsch verpacken. Zum Verfeinern von Fisch-, Fleisch- und vielen anderen Gerichten.

Ein ausgefallenes Geschenk für echte Rosenfans: Rosenessig

Rosen-Pfeffer

Getrocknete Rosenblütenblätter werden unter bunte Pfefferkörner gemischt und in eine Pfeffermühle gefüllt. Interessante Note in warmen Gerichten und Salaten.

Rosen-Schokoblätter

Einzelne große Blütenblätter von stark duftenden Rosen auslesen. Bittere, schwarze Kuvertüre im Topf sanft erwärmen (am sichersten im Wasserbad). Die Blütenblätter mit einer flachen Pinzette greifen und in die geschmolzene Schokomasse tunken oder diese mit einem Pinsel auftragen. Auf ein Brett mit Pergamentpapier legen und im Kühlschrank erstarren lassen. Vorsichtig auf ein Tellerchen umbetten, mit Duftrosen dekorieren und in transparente Geschenkfolie einpacken. Attraktiv ist auch eine Mischung aus drei verschiedenen Kuvertüren: schwarz, hellbraun und weiß.

SMART

Rosen-Fettöl

› **Ätherisches Rosenöl** ist zu intensiv, um es pur zum Kochen zu nehmen. Verrühren Sie 1 Tropfen in 25 g fettem Öl wie Lein-, Soja- oder Nussöl. Davon reicht dann 1 Tropfen für 100–200 g Speise.

Rosen-Tee

Feinen Schwarztee und getrocknete Duftrosenblütenblätter zu gleichen Teilen mischen und in eine Teedose mit Rosendekor füllen.

Mit Rosen garnieren

Das Nonplusultra der Rosenküche, die perfekte Verschmelzung von bezaubernder Erscheinung, zartem Duft und einem außergewöhnlichen Geschmackserlebnis sind überzuckerte Rosenblüten. Mit ganzen Rosenköpfen und einzelnen Rosenblütenblättern lassen sich Torten und Eis wunderschön dekorieren, aber auch pur genossen ist dieses Rosenkonfekt ein Gedicht! Unübertroffen als exquisites Geschenk aus Ihrer Küche.

Überzuckerte Rosenblüten

- **Einwandfreie, schön gewachsene, aufgeblühte Duftrosen**
- **Eiweiß (ca. 1 Eiweiß für 2 Blüten)**
- **feinster Kristallzucker (kein Puderzucker!)**

1 Rosenblüten ausschütteln, um eventuelle Insekten zu entfernen. Falls sie in kaltem Wasser geschwenkt werden, anschließend gut ausschlagen und trocknen lassen. Eiweiß mit Gabel oder Mixer leicht schaumig, aber nicht steif schlagen. Die Blüten damit zügig von oben und unten bestreichen, mit einem feinen Pinsel kommt man in jede Ritze. Die Blüte muss komplett mit dem Eiweißschaum überzogen sein. Wenn man ein 2 cm-Stück Stiel belässt, kann man die Blüte gut halten.

2 Dann rasch, bevor das Eiweiß antrocknet, mit dem Zucker gleichmäßig bestreuen. So verbindet er sich mit dem Eiweiß und bleibt kleben. Reste abschütteln. Auf einem engmaschigen Kuchengitter an der Luft, auch in der Sonne, bei niedriger Luftfeuchtigkeit etwa 24–48 Stunden gut durchtrocknen lassen. Wenn's schneller gehen soll: in einem auf 50 °C vorgeheizten Backofen in ca. 1 Stunde schnelltrocknen. Dabei die Ofentür einen Spalt offen lassen, damit die Feuchtigkeit entweichen kann. Wer einen Dörrapparat hat, kann auch diesen einsetzen.

3 Die anschließende Aufbewahrung sollte trocken und kühl erfolgen (nicht im

Zarte, feine Zuckerkristalle werden mit Eiweiß als Kleber befestigt.

Romantische Dekoration: *Überzuckerte Rosen und Blütenblätter können mit frischen Rosen kombiniert werden.*

Kühlschrank). Zwischen Seidenpapier in einem Gefäß luftdicht verpackt, sind die überzuckerten Rosen trotzdem nur maximal ein paar Tage haltbar. Am besten sollte man sie gleich zum Dekorieren verwenden und mit Genuss verzehren.

Variante mit Gummiarabikum

Gummiarabikum aus der Apotheke mit Obstler, Wodka-Zitrone oder klarem Korn im Verhältnis 1:9 mischen (z. B. 1 TL = 5 ml Gummiarabicum auf 2,5 EL = 45 ml Schnaps). Rosenblüten damit bestreichen, mit feinstem Zucker bestreuen und trocknen lassen.

SMART

Gezuckert oder kandiert?

› **Manche sagen** ver-, manche ge-zuckert, in der Küchensprache heißt es aber über-zuckert, wenn es um das Bestreuen mit Zucker geht. Kandieren oder Kristallisieren hingegen nennt man das Kochen in einer konzentrierten Zuckerlösung, was vor allem für formstabile Früchte geeignet ist, die durchtränkt werden können, weniger für zarte Blütenblätter, die schnell zusammenfallen.

Variante mit Süßholzpulver

Verrühren Sie Süßholzpulver (Apotheke) in Rosenwasser und lassen die Mischung unter Rühren so lange köcheln, bis sie dickflüssig wird. Sirup abkühlen lassen und die Rosen eintauchen. Mit Puderzucker übersieben und an der Sonne oder im Ofen trocknen. Statt nur mit Zucker können Sie die Blüten auch mit Zimt-Zucker oder weiteren Gewürzen (Vanille, Nelke, Anis) bestreuen. Das verändert die Farbe ins Bräunliche und ergibt eine weihnachtlich-würzige Note.

Wellness mit Rosen

Ein Duft zum Träumen

Dufterlebnisse sind subjektiv. Aber bei der Rose sind sich alle einig: ihren Duft findet jeder himmlisch. Ein wunderbares Aromaerlebnis für Wohlbefinden und Harmonie.

Wer kennt das nicht! Sie gehen an einem Rosenstrauch vorbei und werden magisch angezogen. Die Nase zieht es zur Blüte, um deren Duft einzuatmen. Ähnliches geschieht, wenn ein Rosenstrauß überreicht wird. Die Augen geschlossen, versenkt sich das Gesicht im Bouquet – nur für einen Moment, aber das reicht für ein ultimatives Dufterlebnis – sofern es sich nicht um solche Schnittblumen handelt, deren Dufteigenschaft etwa zugunsten besserer Widerstandskraft oder längerer Haltbarkeit in der Vase weggezüchtet wurde.

Reich der Düfte

Die Düfte der Rosen bestehen aus über 500 Einzelkomponenten, sind also schon eine komplizierte „Komposition" in sich, rund um die charakteristische Note mit dem chemischen Namen Phenylethanol, die uns „Rosenduft" signalisiert.

Rosenduft ist allerdings nicht gleich Rosenduft. Da gibt es äußerst zarte Düfte wie die leicht blumig und nach Honig duftende *Rosa multiflora*. Fruchtig-frisch geben sich *Rosa rugosa* und *Rosa rubiginosa*, die deshalb gerne für gemischte Frucht-Rosen-Marmeladen verwendet werden (siehe Kapitel 1). Rosen können zitrusartig duften, sie erinnern an süßliche, liebliche Blumen wie Maiglöckchen oder Veilchen oder betören durch einen schweren, voluminösen Duft, den wir vage mit orientalisch oder würzig-süß umschreiben.

Wussten Sie schon, ...

... dass man die Beschäftigung mit dem Geruchssinn Olfaktorik nennt?

... dass Frauen meistens besser riechen können als Männer?

... dass Menschen etwa 10000 Geruchskombinationen unterscheiden können, aber nur fünf Geschmacksrichtungen? 90% des Schmeckens ist Riechen!

... dass Duft die älteste Form der Kommunikation ist?

Duftexperte werden

Das Beschreiben von Düften mit treffenden Worten ist ohnehin eine Wissenschaft für sich. Unsere Sprache sieht wenig Begriffe vor, um detailliert Dufteindrücke zu beschreiben. Im Alltag unterscheiden wir meist nur grob, etwa zwischen fruchtig oder blumig, harzig oder holzig. Vergleiche mit bekannten anderen Stoffen sind die häufigste Methode, um Duft verbal zu vermitteln.

Spezialisten freilich haben ein ganzes Fachvokabular entwickelt, das der Laie kaum kennt. Das ist beim Weinbouquet nicht anders als bei Parfum.
Einzelne Duftnuancen muss man natürlich erst einmal wahrnehmen, um sie richtig beschreiben zu können, und das setzt eine gewisse Übung voraus. Ja, auch die Nase kann man trainieren, zum Beispiel mit einer Duftbar aus ätherischen Ölen. Es muss ja nicht gleich ein stundenlanges Programm wie bei den professionellen Parfumeuren sein. Auch im normalen Alltag können Sie viele Dufteindrücke sammeln. Je mehr Düfte Sie gelernt und fest gespeichert haben, desto differenzierter können Sie verschiedene Kompositionen analysieren.

Rosenduft erschnuppern – eine stille Freude

SMART

Balsam für die Seele

› **Die Rose** wurde schon von jeher als vollkommene, harmonische Schönheit verehrt, einschließlich ihres Duftes. Der liebliche Rosenduft wird nicht nur als sehr angenehm empfunden, er kann auch helfen das innere Gleichgewicht wieder herzustellen. Wenn Sie also einmal müde, gestresst, ängstlich oder traurig sind, gönnen Sie sich „eine Nase voll" Rose!

Duftsignale ans Hirn

Düfte können allerdings nur ab einer gewissen Konzentration der Duftmoleküle bewusst wahrgenommen werden. Unter dieser Grenze nehmen wir sie zwar auch auf, aber unbewusst. Riechen, ohne es zu wissen? Ja, und zwar auf direktem Weg über die Rezeptoren in der Nase zum Riechkolben und weiter in andere, ganz ursprüngliche Hirnareale, wo zum Beispiel Emotion, Erinnerung und Hormone geregelt werden. Düfte können also auch noch in feinsten Dosierungen auf unsere Gefühlswelt einwirken. Bei entsprechender Intensität des Geruchs werden die Impulse zur Weiterverarbeitung in die Großhirnrinde geschickt. Dort entsteht letztlich der bewusste Dufteindruck, zum Beispiel „Ahhh, Rose!"

Potpourris

Potpourris gibt es seit Urzeiten, sie haben dennoch nichts von ihrer Faszination eingebüßt. Duftmischungen aus getrockneten pflanzlichen und teilweise auch tierischen Materialien werden gerne zum Beduften von Innenräumen verwendet. Rosen waren und sind auch heute noch der beliebteste Bestandteil in Blütenpotpourris, wegen des Duftes und der Blütenform. Zumindest bei den sichtbar präsentierten Varianten wie Potpourri im Glas oder in der offenen Schale spielt ja auch der dekorative Aspekt eine Rolle. Sie sollten also auf eine optisch ansprechende Zusammenstellung achten.

Duft etagenweise – auch optisch eine Attraktion

Grundzutaten

- Hauptmaterial Blüten (ca. 30 Gewichtsanteile, z. B. 150 g) getrocknete Rosen und andere Blüten, Blätter, Kräuter etc. (leicht, zart, kleinteilig; es kann, muss aber nicht alles duften)
- Holziges, Samen und Gewürze (ca. 6 Gewichtsanteile, z. B. 30 g) Zimt, Ingwer, Nelken, Muskat, Sternanis, Kardamom etc. (Holz ist ein guter Duftträger, einige Gewürzpulver sind gleichzeitig fixierend; Gewürze können ganz, wegen der Optik, zerkleinert oder gemahlen verwendet werden)
- Fixative (ca. 4 Gewichtsanteile, z. B. 20 g) Veilchenwurzelpulver (Iris germanica 'Florentina'), Zimtpulver oder -öl, Benzoeharzöl (Styrax), Tonkabohnenöl (Dipteryx) etc. (machen den Duft haltbar, fixieren ihn)
- Ätherische Öle (10–20 Tropfen auf 200 g Potpourri) Rosenöl und andere Öle.

Alle Zutaten bekommen Sie in Apotheken, Kräuterhäusern und bei Versandfirmen übers Internet (siehe auch Info-Ecke, Seite 62).

So wird's gemacht

Die Rosenköpfe und abgezupfte Rosenblütenblätter können im Sommer geerntet werden. Man lässt sie auf Papier oder Fliegendraht ausgebreitet an einem schattigen, luftigen Ort trocknen. Sie können außerdem alles

SMART

Woher kommt „Potpourri"?

- **Das französische „pot pourri"** bedeutet eigentlich „verdorbener Topf". Es ist auf die ursprüngliche „feuchte" Methode zurückzuführen, bei der angewelkte Rosenblütenblätter mit Salz geschichtet und so zunächst fermentiert wurden.

trocknen, was Ihr Garten oder der Waldspaziergang hergibt. Wichtig ist, dass es vor der Verarbeitung durch und durch trocken ist (bei Bedarf im Backofen, bei 50 °C und leicht geöffneter Tür, oder im Dörrapparat). Für besonders kostbare Blüten eignet sich das Einlegen in Trocknungsgranulat (siehe Seite 50/51).
Alle Zutaten in einer Schüssel vorsichtig, aber gründlich miteinander vermischen. In ein Deckelgefäß füllen, fest verschließen und einmal täglich schütteln. Die „Reifephase" dauert 1–2 Monate. Ein gut komponiertes Potpourri kann dann 6–12 Monate lang seinen Duft abgeben und lässt sich durch ätherische Öle auffrischen. Übrigens: Legen Sie einige besonders schöne getrocknete Rosenblüten oder -knospen beiseite und verzieren Sie damit später das fertige pudrige Potpourri.

Rosenblüten-Potpourris

▸ Die Basis: 4 Tassen getrocknete (Duft-) Rosenblütenblätter und 20 g (4 TL) Veilchenwurzelpulver. Dazu kommen Gewürze und Öle in variablen Mengen:

Reizvoll – getrocknete Rosen in verschiedenen Sorten

▸ Würziges Potpourri: 2 Tassen getrocknete Lavendelblüten, 1 Tasse getrocknete Rosmarinnadeln, je 1 EL Gewürznelken, Pimentkörner und Zimtstange (alles grob zerkleinert), 1 Tropfen Rosmarinöl und 6 Tropfen Rosenöl.

SMART

Duftsäckchen

› **Füllen Sie** Ihre duftenden Kreationen in kleine Säckchen oder Kissen aus Seide, Tüll, Organza, Baumwolle oder Leinen. Im Schrank parfümieren Sie damit Ihre Wäsche, unterm Kopfkissen sorgt das Sachet für rosige Träume. Ein beliebtes Geschenk für Duftfans!

▸ Orientalisches Potpourri: 1 Hand voll getrockneter Lavendel (am Stiel), je 6 kleine getrocknete Orangenscheiben, kleine Zimtstangen, getrocknete Ingwerstückchen und Sternanis, je 1 EL Muskatblütenpulver (Macis), Ingwer- und Zimtpulver, je 8 Tropfen Rosen-, Orangen- und Geranienöl.

Duft und Pflege für die Haut

Rosenöl ist wunderbar geeignet, um Hautpflegeprodukte damit zu parfümieren. Je nach Hauttyp, Anlass und Verträglichkeit können weitere Duftnoten dazukomponiert werden.

Körperöle

Für reife Haut:

- 100 ml Nachtkerzenöl oder Aloe-Vera-Öl
- 3 Tropfen Rose
- 7 Tropfen Karottensamenöl, Lavendel, Neroli, Vetiver oder Weihrauch (oder mehrere)

Für normale Haut:

- 100 ml Jojobaöl oder Maiskeimöl
- 3 Tropfen Rose
- 7 Tropfen Bergamotte, Kamille, Limette oder Petitgrain (oder mehrere)

Für Babys:

- 100 ml Süßmandelöl
- 5 Tropfen Rose
- 5 Tropfen Römische Kamille

Für Schwangere:

- 100 ml Haselnussöl
- 5 Tropfen Rose
- 15 Tropfen Rosenholz

Für die Partnermassage:

- 100 ml Jojobaöl
- je 2 Tropfen Rose und Jasmin
- je 4 Tropfen Iriswurzel und Tonkabohne
- 12 Tropfen Honigöl

SMART Tipp

› **Badezusätze und Körperöle** (außer Jojoba) sollten immer im Kühlschrank aufbewahrt werden. Dort halten sie sich maximal ein paar Wochen. Lieber kleinere Mengen zubereiten und öfter mal einen neuen Duft ausprobieren.

Gesichtsmaske

1 EL Heilerde mit 2 EL destilliertem Wasser mischen. Je 1 Tropfen Rose und Lavendel unterrühren. Mit Fingern oder Pinsel aufs Gesicht auftragen. Augen und Mund aussparen. Einwirkzeit 20 Minuten. Kalt abspülen. Variante: Die Paste statt mit Heilerde mit 1 EL Joghurt oder Quark, 1 TL Süßmandelöl und 1 TL Instant-Haferflocken ansetzen.

Wellness-Tipp: Blütenblätter einer frischen Duftrose zupfen, klein schneiden und in die noch feuchte Gesichtspackung drücken.

Gesichtstonikum

Auf 50 ml destilliertes Wasser geben Sie 30 ml Weingeist (Alkohol), 1 Tropfen Rosenöl und je 2 Tropfen Lavendel und Sandelholz. Haben Sie fertiges Rosenwasser (Reformhaus), können Sie es mit Alkohol und ein paar Tropfen ätherischer Öle mischen. Gut schütteln.

Augentrost

1 EL Heilerde mit 2 EL destilliertem Wasser anrühren. Mit je 1 Tropfen Rosen- und Fenchelöl vermischen. Auf eine Mullkompresse streichen, auf die geschlossenen Augenlider legen. 15 Minuten ruhen. Kalt abspülen.

Es muss nicht immer Gurke sein …

Duftwasser & Parfum

Rosenwasser fällt bei der Wasserdampfdestillation zur Gewinnung des ätherischen Rosenöls (Destillat) als Nebenprodukt an. Man nennt es Destillationswasser oder Hydrolat. Es hat einen ganz leichten, feinen Rosenduft. Außer dem ätherischen Öl sind noch andere Stoffe enthalten. Diese sind wasserlöslich, weshalb es einen Unterschied zum selbst gemischten Rosenwasser aus destilliertem Wasser und Rosenöl gibt. Rosenwasser wird gleichermaßen in der Küche, zum Beispiel für Marzipan, und zur Hautpflege verwendet.

SMART

Passende Begleiter

- **Lavendel** (der Klassiker, besonders gut ist „Lavendel extra", der wilde Berglavendel).
- **Neroli** (aus den Blüten der Bitterorange, warm, süßlich)
- **Sandelholz** (aus dem Sandelholzbaum, warm, balsamisch)
- **Jasmin** (8 Millionen Blüten ergeben 1 l Jasminöl, exotisch)

Hydrolat

Rosen-Hydrolat ist sehr hautfreundlich und auch von empfindlichen Personen ohne Bedenken anzuwenden, denn die Menge des enthaltenen Rosenöls ist sehr gering. Rosenwasser ist ein klärendes Gesichtswasser. Es reinigt sanft, ohne den Säureschutzmantel der Haut zu zerstören. Kompressen mit Rosenwasser auf den Lidern lindern auch die Beschwerden bei einer Bindehautentzündung. Zur Gesichtspflege ganz besonders geeignet ist Rosenwasser nach einem Salbei- oder Kamillendampfbad. So wird die normale Haut gut durchblutet, gereinigt und entspannt. Wer zu geplatzten Äderchen neigt, sollte allerdings auf heiße Dampfbäder verzichten. Rosen-Hydrolat kann auch eingenommen werden, zum Beispiel gegen Übelkeit, bei Leber- und Gallenproblemen. Bei allen innerlichen Anwendungen sollten Sie jedoch vor der Selbstmedikation einen erfahrenen Arzt oder Aromatherapeuten befragen.

Duftwässer selbst herstellen

- **Nur äußerlich anzuwenden** sind alle selbst gemachten Rosen-Duftwässer. Dafür geben Sie auf 1 l destilliertes Wasser (oder kohlensäurefreies Mineralwasser oder Quellwasser) 2–3 Tropfen Rosenöl und schütteln die Flüssigkeit kräftig durch. Ein belebendes Schönheitswasser für das Gesicht und zum Einmassieren in die Kopfhaut.
- **Aus frischen Duftrosen** können Sie ebenfalls Duftwasser herstellen. Überbrühen Sie die Blütenblätter mit kochendem Wasser und lassen Sie sie zugedeckt mindestens eine Viertelstunde ziehen. Anschließend durchseihen und abgekühlt als Gesichtswasser verwenden. Tipps: Geben Sie etwas davon in den letzten Spülgang der Waschmaschine zum Beduften der Wäsche. Zum Verschenken mit ein paar frischen Blütenblättern oder ganzen Rosen in ein hübsches Glas füllen. Auch Kombinationen mit anderen Blüten und Kräuterauszügen sind möglich.

Attraktiv als Geschenk: selbst gemachtes Rosenwasser

Natur-Parfum

Ein Parfum für den Glasflakon mit Zerstäuber wird mit 96%igem Alkohol (Weingeist) angesetzt, 10 ml für maximal 25 Tropfen ätherische Öle. In einem Fläschchen gut schütteln, verschließen und 3 Wochen reifen lassen.
Eine ausgewogene Duftkompositon besteht immer aus drei Komponenten: Kopf-, Herz- und Basisnote.
▸ Kopfnote: Das sind die Düfte, die wir zuerst wahrnehmen. Sie verflüchtigen sich relativ schnell, nach 1–4 Stunden (frische, fruchtige Düfte, alle Zitrusdüfte, Minze, Verbene, Eukalyptus, Wacholder, Rosmarin). Die Düfte der ▸ Herznote halten 8–12 Stunden (liebliche Blütendüfte, Rose, Lavendel, Jasmin, Ginster, Ylang-Ylang, Muskatellersalbei, Gräser). ▸ Basisnote Diese Düfte halten 24–48 Stunden (Hölzer, Gewürze, Harze, Immortelle, Angelikawurzel, Eichenmoos, Vanille, Patchouli).
Sie können mit je einem Duft aus jeder Gruppe anfangen zu experimentieren und sich langsam steigern. Schon aus etwa 10 verschiedenen Ölen kann man ein recht komplexes Parfum komponieren.

SMART

Konzentrationsstufen (Richtwerte)

- Parfum 15–30%
  Eau de Parfum 8–15%
  Eau de Toilette 4–9%
  Eau de Cologne 3–5%
  Splash Cologne 1–4%
  Hydrolat 0,5%

Wie gewinnt man Rosenduft?

Dem arabischen Arzt Avicenna (11. Jhd.) schreibt man die Kunst zu, als erster eine erfolgreiche Destillation durchgeführt zu haben. Welche Essenz war es, die den Anfang machte? Rosenöl! Seitdem hat sich am Verfahren nichts wesentlich verändert.

Ätherische Öle sind in unterschiedlicher Menge in allen möglichen Pflanzenteilen enthalten. Bei Rosen sind es die Blütenblätter. Die Duftessenz aus Blüten wird meist mittels Wasserdampf destilliert. Dabei löst der durch Rohre aufsteigende heiße Wasserdampf feinste Öltröpfchen aus den Blüten. Nach der Kondensation in einer Kühlschlange kann das Öl vom Wasser geschieden und aufgefangen werden. Rosenöl ist klar und von heller, gelblicher Farbe. Dieses Naturprodukt unterliegt Schwankungen, je nachdem woher es stammt, wie die Rosen kultiviert und die Destillation durchgeführt wurde. Wie beim Wein spielen Boden, Klima und Lage eine Rolle. Sogar innerhalb einer Rosenart kann es Unterschiede geben. So kommt es, dass Rosenöle nicht nur nach der verwendeten Rosenart unterschieden und angeboten werden, sondern auch nach Herkunftsland und Anbaumethode.

◂ Florentiner Topf In einem gekühlten Rohr kondensiert der Wasserdampf mitsamt dem ätherischen Öl und sammelt sich in einem Behälter, dem Florentiner Topf. Das leichtere Öl schwimmt obenauf und kann einfach abgeschöpft werden. Im Topf bleibt das Rosenwasser.
Rosenöl ist ein Duftstoffgemisch. Zu den Inhaltsstoffen gehören unter anderem Citronellol, Eugenol, Farnesol, Geraniol, Linalool, Nerol, Rhodinol, Stearopten.

Qualität hat ihren Preis

Achten Sie beim Einkauf ätherischer Öle auf Echtheit und Qualität. Nur 100 % natürliches ätherisches Öl kann wirksam sein. Auf den Fläschchen müssen der botanische Name und der verwendete Pflanzenteil, die Art der Gewinnung, das Herkunftsland, die Anbaumethode (kbA = kontrolliert biologischer Anbau) sowie das Mindesthaltbarkeitsdatum vermerkt sein.
Fallen Sie nicht auf Billigangebote herein. Speziell bei Rosenöl kann das nicht seriös sein. Rosenöl gehört einfach zu den teuersten ätherischen Ölen überhaupt! Beispiel: Von *Rosa* x *damascena* aus Bulgarien kostet 1 ml (25–30 Tropfen) etwa 30 Euro (zum Vergleich: Von Rosenholzöl oder Rosengeranienöl kosten 10 ml etwa 10 Euro). Das hat seinen Grund. Für 1 kg Rosenöl werden bis zu 5000 kg Rosenblütenblätter benötigt. Dafür würde ein guter Pflücker rund 100 Tage benötigen, ganz zu schweigen von den Anbaukosten. In jedem Tropfen steckt die Essenz aus rund 30 Blüten. Unvorstellbar, nicht wahr?

▲ Rosen-Destille in der Türkei In traditionellen Kupferdestillen wird aus den biologisch angebauten Rosen das türkische Rosenöl gewonnen. Wasserdampfdestillation ist die gebräuchlichste Art zur Gewinnung ätherischer Öle. Nur durch dieses Verfahren kann auch das Rosenwasser (Hydrolat) gewonnen werden.

Welche Rosenart?

- *Rosa gallica* (Essig-Rose) – meist in Marokko angebaut, im Kaukasus heimisch.
- *Rosa* x *damascena* (Damaszenerrose) – meist in Bulgarien angebaut (größtes Anbaugebiet der Welt), auch Türkei, Tunesien; aromatisch.
- *Rosa* x *centifolia* (Kohlrose, Provence-Rose) – meist in Algerien und Ägypten angebaut, Ursprung wahrscheinlich Persien.
- *Rosa alba* (Weiße Rose, Bauernrose) – meist in Bulgarien angebaut, nur geringe Ausbeute, sehr edler Rosenduft.

Raumduft & Aromatherapie

Vieles wird heute Aromatherapie genannt, was nur irgendwie mit Duftölen zu tun hat. Dabei bezeichnet der Begriff, der im letzten Jahrhundert von dem Chemiker Gattefossé geprägt wurde, eine klar definierte Behandlungsmethode. Erkrankungen sollen mit ätherischen Ölen behandelt, die Gesundheit gestärkt, das Wohlbefinden positiv beeinflusst werden. Die Therapeuten sind Ärzte und Heilpraktiker mit entsprechender Zusatzausbildung. Hauptsächlich erfolgt die Behandlung in Form von aromatherapeutischen Massagen, die mehrere Wirkungsweisen kombiniert.
Man braucht also schon weitreichende medizinische und pflanzenkundliche Kenntnisse, um tatsächlich therapeutisch tätig werden zu können. Im privaten Bereich wird dies nur selten der Fall sein. Trotzdem kann jeder seinen Nutzen aus den ätherischen Ölen ziehen. Ein paar Dinge sollten Sie aber beachten.

Die Duft- oder Aromalampe – praktisch für die Raumbeduftung

Es liegt was in der Luft

Die ätherischen Öle sind frei verkäuflich, jeder darf sie erwerben. Umso mehr sollten Sie darauf achten, dass Sie wirklich die echten Öle kaufen, und umso verantwortungsvoller sollte man damit umgehen. Als oberste Regel gilt: nie unverdünnt anwenden. Ätherische Öle sind hoch konzentrierte Stoffe und können in zu hohen Dosen schädlich, ja gefährlich sein. Das scheint so gar nicht zusammenzupassen, romantischer Centifolien- oder Damaszenerrosenduft und dann solche Warnungen. Tatsächlich gehört das Rosenöl zu den am wenigsten toxischen Ölen. Ein Tupfer pur auf die Haut wird nicht gleich zu Verätzungen führen. Außerdem wird man kaum in die Versuchung kommen, Rosenöl in größeren Mengen pur anzuwenden bei den enorm hohen Preisen.

Weniger ist mehr

Letztlich ergibt sich der sparsame Gebrauch des reinen Rosenöls von ganz alleine: Der leichte Hauch des Rosenduftes, der mit dem verdunstenden Wasser aus der Duftlampe aufsteigt und die Räume durchzieht, ist ein so vollendeter Nasenschmeichler – dagegen kommt einem das Schnuppern am Originalfläschchen wie die Holzhammermethode vor. Weniger ist auch hier also mehr. Es kommt auf die feinstmögliche Dosierung an. Finden Sie die Dosierung heraus, die Ihnen wirklich angenehm ist, nach dem Motto: Einatmen und sich wohl fühlen!

Aromalampe und Duftbrunnen

Die Duft- oder Aromalampen, die der Handel in großer Auswahl anbietet, sind praktische Utensilien, um ein wohliges Raumklima zu schaffen. Sie sind meist aus glasierter Keramik, aber es gibt auch welche aus Glas und Metall. Die Schale sollte nicht zu klein und nicht zu niedrig über der Kerze angebracht sein. Zu große Hitze schadet den Wirkstoffen. Füllen Sie die Schale möglichst mit destilliertem oder gefiltertem Wasser und geben Sie 2 Tropfen eines einzelnen ätherischen Öls hinein oder bis zu 10 Tropfen bei Kombination verschiedener Öle. Ein Teelicht, das 3–6 Stunden brennt, erwärmt die Schale und lässt Wasser und Öl langsam verdunsten.

Solange die Kerze brennt, sollte die Schale nie trocken werden. Gießen Sie immer rechtzeitig nach, mit warmem Wasser, damit das Material keinen „Schock" bekommt und springt. Ab und zu muss die Schale gereinigt werden. Ölrückstände lassen sich mit Alkohol entfernen. Bei Verwendung von hartem Leitungswasser setzt die Schale eine Kalkkruste an, die regelmäßig mit Essig gelöst werden kann. Tipp: Auch Rosen-Hydrolat (siehe Seite 30/31) eignet sich zum Verdunsten, 1–2 EL sorgen für einen besonders sanften Duft.

Der „große Bruder" der Duftlampe ist der Duftbrunnen. Durch die größere Menge Wasser, die von der elektrischen Pumpe umgewälzt wird und verdunstet, lassen sich auch größere Räume im Dauerbetrieb aromatisieren. Geben Sie am Tag ebenfalls maximal 10 Tropfen ins Wasser. Es heißt, dass außerdem die Befeuchtung der trockenen Heizungsluft im Winter besser für die Atemwege sei. In jedem Fall ist Wasser ein belebendes Element im Raum. Die Reinigung von Schale und Pumpe inklusive Wasseraustausch sollte regelmäßig alle zwei Wochen erfolgen.

Echtes Rosenöl kommt aus verschiedenen Anbaugebieten und von verschiedenen Rosenarten.

SMART

Achtung!

› **Ätherische Öle** sind hoch konzentrierte Stoffe und haben nichts in den Händen von Kindern zu suchen! Die Öle reizen Haut und Schleimhaut.

Rosen-geschichte(n)

Seit Jahrtausenden umgibt ein Geheimnis die Rose . Eine magische Anziehungskraft geht von ihr aus. Wuchs, Blüte, Duft – sie scheint in jeder Hinsicht perfekt zu sein. Zu keiner Zeit konnten die Menschen sich dem entziehen.

Rosen, so schätzen Botaniker, gibt es seit etwa 60 Millionen Jahren. Der älteste fossile Fund wird auf 40 Millionen Jahre datiert, lange bevor die Menschen auf der Bildfläche erschienen. Die frühesten Hochkulturen entstanden in Ägypten und Vorderasien vor etwa 8000 Jahren. Lange Zeit wurden Duftstoffe und Pflanzenteile meist in Form von Räucherungen für rituelle Zwecke – die Rauchsäule als Verbindung zu den Göttern – angewandt. Daher kommt der Begriff Parfum (lat. per fumum = durch den Rauch). Aber auch Potpourris zur Raumbeduftung waren bekannt – natürlich mit Rosen.

Rosenornamente auf persischen Badezimmerkacheln

▸ **Die Kultivierung** der Rose verbreitete sich ursprünglich von Persien und Mesopotamien aus, dem Land an Euphrat und Tigris, so wird vermutet. Die ältesten schriftlichen Zeugnisse stammen aus dem Zweistromland. Um 2600 v. Chr. muss ein Sumererkönig Rosen als Kriegsbeute mitgebracht haben. Die Gärten Persiens waren berühmt, auch für ihre duftenden Rosen, und sogar das Wort Paradies ist persischen Ursprungs und bedeutete ein zu pflegendes, umfriedetes Stück Land. Mit dem Islam kam die Rose zu einer weiteren Hochblüte. Das „Paradies" war nun „Allahs Garten" mit Brunnen, symbolischen Wasserläufen und ornamentalen Mosaiken. Die Rose wurde vielfältig von persischen Dichtern besungen.

▸ **Die alten Griechen** verehrten die Rose, sie war Aphrodite, der Göttin der Liebe und Schönheit geweiht. Die Römer übernahmen das Attribut für ihre Göttin Venus. Aus römischer Zeit sind uns aber neben Kränzen und Girlanden aus Rosen vor allem die ausschweifenden Gelage, bei

In persischen Gärten dürfen Rosen nicht fehlen.

denen es Rosenblütenblätter von der Decke regnete, überliefert. Um die ungeheuren Mengen herbeizuschaffen, hatte man Nahrungspflanzen von den Äckern und Feldern verbannt, alles wurde stattdessen mit Duftrosen, hauptsächlich Zentifolien, bepflanzt. Später wurden sogar ganze Schiffsladungen aus Ägypten importiert, weil der Nachschub nicht reichte. Von Kleopatra wird berichtet, dass sie einen dicken Teppich aus Rosenblütenblättern streuen ließ, zu einem Gastmahl oder wenn sie Mark Anton erwartete. Zur damaligen Zeit kannte man auch essbare Köstlichkeiten mit Rosenaroma.

▸ Das Christentum stand dem „heidnischen" Rosenkult lange ablehnend gegenüber. Karl der Große listete in seiner Pflanzenverordnung zwar auch Rosen auf, allerdings mehr zu Heilzwecken. Rosen wurden in mittelalterlichen Klostergärten wegen der medizinischen wirksamen Inhaltsstoffe von Blüten und Hagebutten angebaut. Nach und nach veränderte sich die christliche Einstellung zur Rose, bis diese schließlich sogar als Sinnbild der Gottesmutter Maria diente. Parallel stand die Rose aber immer auch für weltliche Liebe und Leidenschaft, was in späteren Dekoren, in der Malerei, als Ornamente der Architektur und der Mode vielfältigen Ausdruck fand.

SMART

Königin der Blumen

› **Der Ausdruck** ist nicht neu, sondern wurde schon von den rosenverehrenden alten Griechen geprägt.

In Rosen baden

Was für ein bezaubernder Gedanke: in Rosen schwelgen, mit jedem Atemzug kostbare Düfte einsaugen, entrückt in Tagtraumwelten sich ganz der Entspannung eines hautpflegenden Rosenbades hingeben. Kann Wellness schöner sein!?

Rosen-Badewasser

Für den Duft sorgen ätherische Öle. Diese sollte man jedoch nicht direkt ins Badewasser träufeln. Sie verbinden sich nicht ohne weiteres mit Wasser. Wie bei einer Aromalampe würden die Tropfen auf der Oberfläche schwimmen. Es gibt aber eine Reihe von Substanzen, die als Emulgator, als Bindeglied zwischen Öl und Wasser dienen können. Dazu gehört zum Beispiel Flüssigseife, auch Neutralseife genannt. Sie sollte einen hautfreundlichen pH-Wert haben (also neutral bei 5,5) und natürlich keine eigenen Duftstoffe und Konservierungsmittel enthalten. Mischungen ergeben einen feinen Schaum in der Wanne. Für Creme- und Ölbäder eignen sich besonders Sahne und Milch als Emulgatoren. Auch fette Öle wie Jojoba- oder Sonnenblumenöl verbinden sich dann mit dem Badewasser. Es bilden sich keine „Fettaugen". Außerdem lassen sich Mischungen mit den Emulgatoren Honig oder Salz (am besten Meersalz) herstellen, die ihrerseits auch pflegende Eigenschaften haben.

▸ Zum Mischen eignet sich in der täglichen Praxis ein einfaches Twist-off-Glas, das dicht schließt. Ein gängiges Maß von 200–250 ml Badeduftmischung passt ganz gut in ein Marmeladenglas. Eine größere Menge können Sie in einer Milchflasche ansetzen und durchschütteln. Alle Gefäße sollten ausgekocht oder im Backofen sterilisiert sein. Für ein Vollbad nimmt man 2 EL bis 1 Tasse der Mischung. Ein Whirlpool verstärkt die Wirkung.

▸ Möchten Sie eine Duftmischung testen und nur für ein einziges Bad ansetzen, verrühren Sie einfach eine Tasse Sahne mit 10 Tropfen ätherischer Öle (nur „Rose" oder mit Begleitdüften; Zitrusdüfte niedriger dosieren) und geben Sie die Flüssigkeit in die volle Wanne. Tipp: Streuen Sie zusätzlich frische Duftrosenblütenblätter aufs Wasser. Damit schaffen Sie das richtige sinnliche Ambiente für Ihr ultimatives Dufterlebnis „Baden in Rosen"!

SMART

Rosen-Duschgel

Geben Sie auf 200–250 ml Neutralseife

- 5 Tropfen Rosenöl,
- je 4 Tropfen Rosenholz, Sandelholz, Melisse und Myrte sowie
- je 8 Tropfen Verbene und Pampelmuse.

Gut vermischen und in eine Pumpflasche füllen. Parfümiert und erfrischt.

Blüten-Schaumbad

- **250 ml Neutralseife**
- **250 ml destilliertes Wasser**
- **30 Tropfen Blütenöle (Rose und nach Belieben Lavendel, Geranie, Neroli = Orangenblüte, Kamille etc.)**

Rosenbad – verführerischer Anblick, erotisierender Duft

Rosendeko mit Charme

Rosen – klassische Schönheit

Sie ist die Blume schlechthin. Rosen sind so vielfältig, dass es für jeden Anlass, jeden Platz und jeden Geschmack das passende Arrangement gibt.

Rundum beliebt

Wer sonst keine einzige Blume mit Namen nennen kann – die Rose kennt jeder und jeder mag sie. Sie ist zeitlos in ihrer Erscheinung und dennoch nie langweilig. Ihr Formenreichtum umfasst niedliche Minis und edle, schlanke Gestalten, dicht gefüllte Kugeln und einfache fünfblättrige Schalenblüten. Ein Rosengeschenk, auch das kleinste Moosrosensträußchen, vermittelt Respekt und Aufmerksamkeit. Größere Gebinde stehen für Bewunderung oder großen Dank. Und was kann deutlicher sein als eine einzeln überreichte Rose?

▸ **Weiße Rosen** können sowohl für die Hochzeit als auch in der Trauerfloristik symbolisch gewertet werden. Gelbe werden gerne einem Herrn überreicht, rosa jungen Damen, dunkelrote Rosen sind eine eindeutige, überschwängliche Liebeserklärung. Am schönsten sind Rosen natürlich mit Duft.

▸ **Eine ganz eigene** Ausstrahlung haben getrocknete und präparierte Rosen und die daraus gefertigten Werkstücke. Sogar in Einzelteilen ist die Rosenpflanze dekorativ zu „verwerten“. Stachelige Stiele können als Steckhilfe dienen. Laub- und Blütenblätter können gepresst oder als Bestandteile von Potpourris Verwendung finden. Auch Tischschmuck aus gestreuten Rosenpetalen ist eine hübsche Idee und schnell gemacht. Hagebutten schließlich, an langen, überhängenden Zweigen oder als lose Früchte, sind aus herbstlichen Blumenstillleben und Beerenkränzen nicht wegzudenken.

Schnittrosenpflege

- Eigene Ernte: morgens, nicht zu knospig schneiden; Kauf: lieber zu leicht geöffneten Blüten greifen.
- Nach jedem Transport Stiele mit scharfem Messer schräg anschneiden, bevor sie (tief) in die Vase kommen.
- Zimmerwarmes Wasser langsam, ohne Luftbläschen, in die Vase laufen lassen; täglich wechseln.
- Oder: Eine Mischung mit Rosenfrischhaltemittel bereithalten, Vasen auffüllen und täglich davon nachgießen.
- Rosen nie lange trocken lassen; schlappe Rosen ganz in warmes Wasser legen, sie erholen sich meist.
- Es dürfen keine Blätter ins Wasser reichen; auf Standort ohne Hitze, Sonne, Zugluft achten; Stiele täglich anschneiden.

Rosenzauber rund ums Jahr

Sie sehen, die Möglichkeiten, sich gestalterisch mit Rosen zu beschäftigen, sind nahezu unerschöpflich.
Man könnte das ganze Jahr damit verbringen, nur „rosige Ideen" auszuprobieren.
Ja, warum eigentlich nicht? Mit heimischen Freilandkultur- und Wildrosen, Treibhaus- und Importware stehen Ihnen Rosen zu jeder Jahreszeit zur Verfügung.
Und Anlässe gibt es mehr als genug.
Mit Rosen muss man aber auch richtig umzugehen wissen. Wie oft hört man Enttäuschung über einen gekauften Strauß Rosen, etwa: „Die haben schon nach zwei Tagen den Kopf hängen lassen!" Das ist ärgerlich und die Enttäuschung verständlich. Aber Rosen sind nicht die robustesten Schnittblumen. Auf dem Weg vom Ernteschnitt über Behandlung, Lagerung, Kühlung, Transport, Pflege im Blumengeschäft, Verpackung, Transport nach Hause bis zu den Bedingungen dort können schon mal Fehler passieren, auch wenn sich alle Beteiligten Mühe geben. Sollte eine Rose vorgeschädigt sein, können Sie es meist nicht sehen. Aber Sie haben viele Möglichkeiten, Ihrerseits das Optimale herauszuholen.

Idealtypische Edelrose 'Silver Jubilee'

SMART

Rosen zum Schnitt

- **Edelrosen:** 'Aachener Dom', 'Carina', 'Silver Jubilee', 'Gartenblut', 'Valencia', 'Ice Cream'
- **Sprayrosen:** 'The Firy', 'Rumba', 'Diadem', 'Duftwolke', 'Royal Bonica', 'Träumerei'
- **Englische Rosen:** 'Abraham Darby', 'Constance Spry', 'Charles Rennie Macintosh', 'Chianti'
- **Alte Rosen und Wildrosen** siehe Kap. 1 und 2

Rosensträuße

Gleichmäßig gewachsene, geradstielige Schnittrosen aus dem Handel sind bestens für klassische Sträuße geeignet. Gartenrosen mögen es lebendiger.

Kugeliger Klassiker

Es gibt grundsätzlich zwei Möglichkeiten, um Blumen in einem Strauß exakt nach geometrischem Muster anzuordnen. Entweder binden Sie den Strauß in der Hand oder Sie stecken die Stiele, zum Beispiel mithilfe von Steckschaum. Wählen Sie die Technik, die Ihnen am meisten liegt. Für beide Arten braucht man ein bisschen Übung. Für Einsteiger ist es ratsam, mit kleineren Ausmaßen anzufangen und sich später zu steigern. Das technische Prinzip bleibt jeweils das gleiche.

Wenn Rosen einer Sorte gleichmäßig im Strauß verteilt sind, erhält man eine klassisch-dekorative Ausstrahlung.

▸ Das Straußbinden: Legen Sie alle Materialien, Rosen, Begleitblumen und grünes Beiwerk, geputzt, sortenweise auf gleiche Länge geschnitten, sowie Bindebast vor sich auf den Arbeitstisch. Fassen Sie als Rechtshänder mit der linken Hand zwei Stiele im unteren Drittel über Kreuz. Der vordere zeigt mit der Blüte nach links. Dann führen Sie mit der rechten Hand einen dritten Stiel so davor, dass die Blüte auf Ihr Gesicht zeigt. Alle weiteren Stiele werden in der gleichen Schräge, mal Blüte mehr nach links, mal mehr Richtung Gesicht, angelegt. So bauen Sie die Straußform von „hinten" nach „vorne" auf.
Nehmen Sie anfangs nicht zu viele verschiedene Materialien, vielleicht drei oder vier. Sie müssen regelmäßig abwechseln, damit die Rosen gut verteilt sind. Zuletzt binden Sie mit etwas Bast die Stiele an der schmalsten Stelle zusammen, indem Sie ihn über die linke Hand hinten um den Strauß herum führen und wieder vorne von links greifen. Nach drei Runden verknoten.

▸ **Das Straußstecken:** Klemmen Sie ein zurechtgeschnittenes Stück nassen Steckschaum in ein topfartiges Gefäß. Er muss höher sein als das Gefäß, aber seitlich sollten Lücken bleiben, um Wasser nachfüllen zu können. Dann stecken Sie eine schräg angeschnittene Rose in die Mitte, sie gibt die Höhe vor. Stecken Sie alle weiteren Rosen und Beiwerk in regelmäßigen Abständen ein, zur Mitte hin aufrechter, zum Rand hin schräger bis fast waagerecht. Die Stielenden weisen alle zum (gedachten) Zentrum, so entsteht eine halbkugelige Form. Sichtbaren Steckschaum mit grünen Blättern (z. B. Efeu) abdecken.

SMART Tipp

› **Kaufen Sie nicht** zu knospige Rosen. Es ist ein weit verbreiteter Irrtum, dass diese frischer seien und länger hielten. Zu früh geschnittene Rosen lassen eher die Köpfe hängen, weil sie noch nicht genügend Kraft gespeichert haben um in der Vase aufgehen zu können. Greifen Sie lieber zu leicht geöffneten Rosen.

Bunt und locker arrangiert, so wirken Rosen lebendig.

Moderne Natürlichkeit

Leicht zu machen, aber prächtig in der Wirkung – das ist ein Strauß aus Rosen, die einfach lose in die Vase gestellt werden. Zusammen mit etwas Beiwerk halten sie sich gegenseitig, wenn das Gefäß hoch genug ist. Die Rosen können bunt sein, groß und klein, pastellig oder knallig. Sie fallen locker und unregelmäßig und erreichen dadurch eine lebendige Ausstrahlung. Keine Technik, keine Strenge, keine Geometrie, nur die pure Lust an Rosen!

Schwimmende Rosen

Schatz im Verborgenen

Ein Streifzug durch den Garten, der Blick bleibt zwischen Büschen und niedrigen Stauden haften – es glitzert etwas durchs Laub. Lichtreflexe auf einer Wasserfläche, Sonnenstrahlen streifen die schönsten rosa Rosenblüten, eingerahmt von filigranem Grün. Es ist eine Steinschale, Händen nachempfunden, die Wasser schöpften, um seidenzarten Rosenblüten das kühle Lebenselixier zu spenden ... Das lauschige Plätzchen könnte sich ebenso gut in einem Terrassenwinkel befinden, auf einem dicht bepflanzten Balkon, im halbschattigen Pflanzenambiente eines Innenhofs. Es ist immer wie ein kleiner Schatz im Verborgenen. Dabei braucht es gar nicht viel, um diese zauberhafte Stimmung zu erzeugen: das richtige Umfeld, eine Schale mit Wasser, ein, zwei Rosen. Hier kommt es vielmehr darauf an, die richtige Stelle zu finden, die Spannung zwischen Verdecken und Entdecken herauszukitzeln.

Steinhände *bergen Rosenblüten, kostbar wie Juwelen*

Wasser, Blüten, Lichteffekte

Wer einen Gartenteich sein eigen nennt, hat die wunderbare Möglichkeit ihn zum Mittelpunkt eines stimmungsvollen Blütenfestes zu machen. Ob der Anlass ein Geburtstag, eine Hochzeit oder ein anderer persönlicher Feiertag ist oder ob man sich Freunde zur Mittsommernacht oder zum Erntedankfest einlädt, der Teich ist ein toller Platz für Blumen und Lichteffekte. Jeder Gast darf ein paar offene Rosenblüten aufs Wasser legen oder Rosenblütenblätter streuen. Auch kleine Holzreifen, mit Rosen und Ranken umwunden, kann man hinausschicken. Besonders für Kinder ein Riesenspaß! Nach Anbruch der Dunkelheit sorgen schwimmende Kerzen für

Dicht gefüllte Englische Rosen duften im Miniteich.

stimmungsvolles Licht. Es geht auch eine Nummer kleiner, zum Beispiel mit einem Hochteich. Oder stellen Sie einfach mehrere dieser preiswerden schwarzen Mörtelkübel auf. Wer es bunter mag, sprüht sie mit Farblack an, umstellt sie mit Gräsern oder hängt an gebogenen Drähten Rosengirlanden um den Rand. So eine pfiffige Gartendeko bleibt noch lange Gesprächsstoff.

SMART

Winterliche Wasserspiele

› **Auch im Winter** kann man Rosen drinnen schwimmen lassen, aber passend zur Saison ganz anders arrangiert: weniger naturhaft als im Sommer. Statt Steinen können Sie Glasmurmeln verwenden, statt bunter Freilandrosen dezente weiße Treibhausrosen. Weihnachtlich wird's mit einem Zweig Kiefer oder Zypresse, Schwimmteelicht und schillernden Christbaumkugeln.

Duft auf dem Tisch

Ein kleines Aquarium ist gerade groß genug, um einen Teich en miniature zu gestalten. Ein paar Kieselsteine auf dem Grund machen das sommerliche Arrangement für drinnen und draußen perfekt. Es sollte auf dem Tisch stehen, damit man alles gut im Blick hat. Nehmen Sie duftende Rosen oder einen Schuss Rosenwasser, die Nase ist ja auch nicht weit. Schwimmkerzen in Rosenform wären ein passendes Accessoire.

Charmante Einzelblüten

Rosen sehen im Strauß prächtig aus, machen aber ebenso als Einzelblüten ein gute Figur. Bühne frei für den Auftritt der Solisten!

Die lieben Kleinen

Eierbecher, Teelichthalter, Schnapsgläschen – das sind die richtigen Vasenmaße für kurz geschnittene Einzelrosen. So manches Mal bricht auch etwas von einem Gesteck ab oder knickt eine Blüte in einem langstieligen Strauß. Diesen „Ausschuss" werfen Sie natürlich nicht weg, sondern erfinden einfach eine neue Dekoration. Je nachdem, wie lang das restliche Stielstück noch ist, suchen Sie das passende Miniaturgefäß wie oben beschrieben. Es kann auch ein ganz normales Väschen sein oder eines dieser Orchideengläschen, die nicht sonderlich attraktiv, aber ungemein praktisch für Kurzgestieltes (wie die Orchideenblüten) sind. Davon sollte man immer ein paar im Schrank haben. Wer die Optik verändern möchte, kann das kleine Glasgefäß mit Glasmalfarbe nach Lust und Laune verschönern oder es mit einem hübschen Schleifenband verzieren. Eine andere Möglichkeit sind Umhüllungen mit weichem, anschmiegsamem Material, etwa ein Stück Japanpapier, Organza oder Stoff mit Rosenmuster. Darauf stellen Sie das Väschen, raffen das Material um den Vasenhals und binden es mit Schmuckbändchen, Bast oder Kordel zusammen. Auch eine florale Verkleidung ist denkbar. Weiche Sisalwatte, mit farbigem Schmuckdraht fest umwickelt, lässt nichts mehr vom alten Outfit vermuten. Zum Verkleiden von Bechern und geradwandigen Mini-Gefäßen dürfen es Efeublätter sein, die mit Draht und Bast umwickelt werden.

Klein, schnell, kompakt – Rosen im Glasbecher

Blüten-Ensemble in Stielgläsern

Sehr kurze Stiele von vielleicht nur zwei, drei Zentimetern reichen für ein Teelicht- oder Schnapsglas. Der Stiel darf so kurz sein, dass die Rose mit ihrer geöffneten Blüte auf dem Glasrand aufliegt und mittig platziert ist. So wirkt die Einheit kompakt und tatsächlich ist sie stabil, durchaus geeignet, um in größerer Anzahl als niedriger Tischschmuck zu fungieren.
Steht die Rose etwas höher im Gefäß, sodass sich der Stiel an die Wand lehnt, besteht die Gefahr des Umkippens, vor allem bei schmalen, höheren Gläschen mit kleiner Auflagefläche oder leichten, dünnwandigen Stielgläsern. In dem Fall sollten Sie unbedingt darauf achten, dass die Rosenblüten nicht zu groß und schwer sind.
Sehr reizvoll ist ein kleines Ensemble aus altmodischen Trinkgläsern und Karaffen, asymmetrisch auf einer Kommode platziert, mit Rosen und anderen zarten Blütensolisten. Hierfür eignen sich am besten Gartenblumen: Rosen und andere kleine Einzelblüten, die zur gleichen Zeit blühen – und duften!

Feinfühlig arrangiert – Einzelblüten im Ensemble

SMART

Kurz und gut

- **Kaufen Sie** kurzstielige, offene Rosen, die sind preiswerter und genau richtig für die Mini-Tischdeko.
- **Auch abgebrochene Blüten** müssen ganz normal mit dem Messer angeschnitten werden, bevor man sie ins Wasser stellt.
- **Gläschen voll Wasser** füllen und täglich nachgießen.

Der Reiz getrockneter Rosen

Wunderschön ist ein Rosenstrauß in der Vase, aber leider ist er es nur begrenzte Zeit. Wir wissen das und wünschten uns dennoch, wir könnten den Verfall aufhalten. Aber vorbei ist vorbei. Bis zum nächsten Strauß. Doch es gibt eine zweite dekorative Phase: getrocknete Rosen.

Methoden der Konservierung

Konservieren heißt haltbar machen. Doch man soll sich nicht täuschen. Der frische Zustand kann nicht erhalten werden. Es wird vielmehr ein neuer, eben trockener Zustand erzielt, in dem der Verfall des organischen Materials erheblich verlangsamt ist. Frische und trockene Rosen (und viele andere Blumen) unterscheiden sich deutlich im Aussehen voneinander, aber beide haben ihren speziellen Reiz.

Trocknungsgranulat muss die Rose komplett bedecken.

Um Rosen zu trocknen, können Sie einfach ein paar Stiele mit Gummiband über Kopf aufhängen. Dunkel, warm, trocken und luftig sollte es sein. Anschließend können Sie daraus einen Strauß arrangieren. Einzelne Blüten oder Blütenblätter für Potpourris, aber auch ganze Sträußchen oder Kränze können im Backofen getrocknet (50 °C bei leicht geöffneter Tür) werden. Dünne Blättchen presst man zwischen Löschpapier. Kräftige Blüten und Petalen lassen sich mit Gummiarabicum oder Eiweiß bepinseln und zusätzlich mit Zucker oder Zimtzucker bestreuen (siehe Kapitel 1). Das Eintauchen der Blüte in flüssiges Wachs ergibt einen nostalgischen Schimmer.

Trocknungsgranulat

Vor allem für besonders schöne einzelne Rosenköpfe ist das Verfahren mit Trocknungsgranulat gut geeignet. Form, Farbe und auch Duft lassen sich damit weitgehend erhalten. Das körnige Material ist in Apotheken unter Bezeichnungen wie Silicagel oder Trockenperlo zu bekommen. Es ist nicht ganz billig, dafür kann man es immer wieder verwenden (aufbacken bei ca. 110 °C). Füllen Sie das Granulat ein paar Zentimeter hoch in ein Deckelgefäß aus Glas, Metall oder Kunststoff. Legen Sie die Rosenblüten mit dem Stielansatz nach unten darauf und lassen Sie weiteres Granulat einrieseln, sodass alle Zwischenräume ausgefüllt werden und die Rose schließlich rundum eingebettet und bedeckt ist. Mehrere Blüten dürfen sich nicht berühren. Das Gefäß luftdicht verschließen (Twist-off-Deckel oder mit Klebeband abdichten).
Das Kieselsäure-Gel ist stark hygroskopisch, zieht also Feuchtigkeit an, aus der Luft wie auch aus den Blütenblättern. Nach etwa 2–6 Tagen, je nach Größe und Dichte, sind die Blüten durchgetrocknet. Dann kippen Sie das Gefäß langsam und lassen einen Teil des Granulats herausrieseln, bis die Blüten sichtbar sind. Lassen Sie diese ein paar Minuten Luft (-feuchtigkeit) schnappen und hebeln Sie sie dann mit dem Finger oder einem Stöckchen vorsichtig heraus. Eventuell mit Pastell-Fixativ (gibt's im im Künstlerladen) oder mit Haarspray dünn einsprühen.

SMART

Lichtscheu

› **Sonnenlicht** lässt alle Trockenblumen schnell ausbleichen. Deshalb die Arrangements nicht ans Fenster stellen!

Altbewährt und nie verkehrt – Rosen lufttrocknen

Liebe(s)-Geschenke

Rote Rosen kommen von Herzen und gehen zu Herzen – auf ihrem Weg werden sie oft von Herzen begleitet.

Alles Gute zum Valentinstag

Ja, ja, der Valentin! Wenn der wüsste, was sich Verliebte heutzutage alles einfallen lassen um ihre Liebe zu zeigen! Obwohl – zu seiner Zeit, 269 n. Chr., als er im römischen Reich Bischof war und heimlich Paare vermählte, hatten die Liebenden bestimmt auch keine schlechten Ideen. Liebe beflügelt eben die Fantasie, und heute sind es meistens rote Rosen und Herzchen, die den Weg zu der oder dem Geliebten säumen. Dabei ist es wohl eher einem Zufall zu verdanken, dass der 14. Februar, der Tag der Liebenden, nach St. Valentin benannt ist. Heidnische Bräuche und Feste wurden oft von der christlichen Kirche vereinnahmt. So legte man den Gedenktag zum Tode des Märtyrers Valentin auf den gleichen Tag wie das Lupercalia-Fest, den Feiertag der Göttin Juno, Schützerin der Ehe und Familie. Dieser Tag soll mit einer Art Verlosung von „Liebespaaren auf Zeit" und allerlei Blumenbräuchen verbunden gewesen sein. Seit dieser Vermischung wurde der Tag der Liebenden Valentinstag genannt und man schenkte sich Blumen.
Seit rund 60 Jahren kennt man auch in Deutschland den Valentinsbrauch. Im

Rosige Überraschung zum Frühstück für eine Valentine

Mittelpunkt stehen Blumen (rote Rosen!), nette kleine Geschenke und herzige Botschaften. Mittlerweile ist man aber dazu übergegangen, nicht nur Liebespartner zu beschenken, sondern alle Menschen, die man mag. Ist das nicht schön?

Floristik mit Herz

Um lieben Menschen Rosen zu schenken , muss man aber nicht bis Valentin warten. Eine solche Geste hat ganzjährig Saison und kommt immer gut an. Es gibt jede Menge Anlässe, um

Liebesbotschaften dürfen „dreifach gemoppelt“ sein.

Liebe, Zuneigung, Freundschaft und Sympathie kundzutun. Oft müssen es nicht die großen Sträuße sein. Kleinigkeiten sind der Renner, von der einzelnen Rose als Päckchendekoration bis hin zur Zwergrose im Topf. Stellen Sie solche Kleinigkeiten aber mit Gefühl fürs Detail zusammen. Es geht schließlich nicht um die Ware, es geht um die Geste. Suchen Sie für das Kussröschen einen passenden Übertopf aus, zupfen Sie verwelkte Blätter heraus, decken Sie die Erdoberfläche mit Moos oder Steinchen ab und dekorieren Sie mit herzigen Accessoires. Dem Anlass entsprechend schreiben Sie Ihre Botschaft auf Minikärtchen oder bunte Papierschnipsel, kleben diese zum Einstecken auf Holzsticker oder Draht oder klemmen sie in einen Kartenhalter. Die persönliche Note, die Sie einbringen, zählt.

SMART

Rosen-Reime

› **Schenken Sie** doch mal einen Rosenvers! Selbst gedichtet oder übernommen, z. B.

„Drei Rosen
send ich Dir!
Die erste ist
fürs Wohlergeh'n.
Die zweite ist
fürs Wiederseh'n,
die dritte aber
leise spricht:
Ich hab'Dich lieb,
vergiss das nicht!“

(Verfasser unbekannt)

Rosen-Kränzchen

Duftige, sommerliche Rosen-Kränze sind ein ganz liebreizender Anblick. Sie schmücken die Terrasse ebenso wie das Wohnzimmer, geben sich romantisch, nostalgisch oder elegant. Sie sind die ideale floristische Ergänzung zu einem Rosenmenü und dürfen bei einem Rosenfest auf keinen Fall fehlen.

Wenn Sie Rosen im Garten haben, sind Sie in der glücklichen Lage, Blüten sehr spontan schneiden und verarbeiten zu können. Diese Spontaneität darf sich gerne im Charakter des Kränzchens, das Sie daraus binden, widerspiegeln. Nehmen Sie am besten büschelblütige Röschen, damit geht es ganz rasch. Duftig, luftig soll es sein. Deshalb brauchen Sie keine dicke Unterlage aus Stroh. Ein einfacher Drahtring ist genau das Richtige.

Gebundene Büschelrosen – Romantik in Rosa

Kränze wickeln oder winden

Bevor Sie anfangen, legen Sie sich alle Utensilien zurecht, die Sie brauchen: scharfes Messer, Rosenschere, Drahtschere, Ringunterlage, Wickeldraht. Nicht zu vergessen die frischen Rosen. Die Stiele schneiden Sie am besten auf gleiche Länge und stellen sie ins Wasser. Nehmen Sie den Drahtring vor sich, knoten Sie das Ende der Spule Wickeldraht auf die linke Seite und legen Sie die Spule ins Ringinnere. Legen Sie ein Rosenbüschel auf den Ring und wickeln Sie es mit Wickeldraht fest. Die Stielenden zeigen dabei auf Sie. Legen Sie nun alle weiteren Büschel immer versetzt darunter an, das heißt, die neuen Rosenblüten verdecken die Stiele der vorherigen. Zum Schluss schieben Sie die letzten Stielenden unter die zuerst gebundenen

Blüten, verknoten den Wickeldraht, schneiden ihn ab und verstecken das spitze Ende. Fertig!
Für den Spontan-Look müssen die Rosen gar nicht so akkurat gebunden sein. Lieber ein bisschen schief und unregelmäßig, das macht sympathisch. Diese schnelle Version bleibt ohne Wasserversorgung nicht lange frisch. Man kann den Kranz jedoch einfach eintrocknen lassen. Möchten Sie, dass die Blüten ein paar Stunden (das Fest) gut überstehen, legen Sie den Kranz in eine große Schale mit Wasser. Auch danach können Sie ihn noch trocknen. Übrigens: Sie können verschiedene Sorten büschelblütiger Rosen auch im Blumengeschäft kaufen. Natürlich hat sie nicht jedes Geschäft jederzeit. Wenn Sie gezielt danach fragen, wird man sie aber sicher gerne besorgen. Das dürfte zumindest in der Sommersaison kein Problem sein.

Schwelgen in Rosen – hier muss es was zu feiern geben!

SMART

Mini + Maxi

- **Unterlage für Minikränze:** 14er-Steckdraht zum Ring biegen, Enden verzwirbeln.
- **Für große Durchmesser:** 2–3 gekaufte Kranzringe durchkneifen, aufbiegen, zu einem großen Ring fügen, mit Steckdraht umwickeln.

Kränze stecken

Alternativ können Sie die Rosenköpfe einzeln stecken, in einen Ring aus Frischsteckschaum mit halbrundem Profil (gibt's beim Floristen). Diesen legen Sie auf Wasser und lassen ihn sich von alleine voll saugen. Keinesfalls unter Wasser drücken, sonst wird Luft eingeschlossen. Dann stecken Sie die kürzer geschnittenen Rosen (schräg, mit dem Messer) rundum in den Steckschaumkranz. Lücken schließen Sie mit Blüten und Blättern. Dieser Kranztyp wirkt kompakt. Hält so lange frisch wie ein Strauß.

Edler Tischschmuck

Fast alle Arten von Rosenwerkstücken eignen sich im Prinzip auch als Tischschmuck. Ein paar Bedingungen gibt es aber schon.

Der Esstisch

So traumhaft schön und üppig man sich als Rosenfan eine Dekoration auch vorstellen mag – die Hauptsache am Esstisch ist das Essen! Also ist alles andere dem unterzuordnen. Leicht gesagt, nicht wahr? Wo doch vielleicht gerade die entzückendsten Rosen im Garten nur darauf zu warten scheinen, dass ihre Schönheit in überschwänglicher Weise als Tischschmuck bewundert wird ...
Auch Üppigkeit will gekonnt in Szene gesetzt sein. Im Zweifelsfall lieber etwas weniger nehmen als zuviel.

Wichtige Regeln für Tischdekorationen

- Alle Personen, die am Tisch essen, müssen genügend Platz für das Gedeck haben und Bewegungsfreiheit für die Arme. Der Platz für Speiseschüsseln und Kerzenständer muss ebenfalls berücksichtigt werden.
- Alle Vasen müssen standfest und kippsicher sein, auch wenn einmal jemand gegen die Tischkante stößt. Auf Materialien, die die Tischwäsche beschädigen oder beschmutzen könnten (Lilien mit Pollen, stachelige Rosenranken), verzichtet man besser.
- Sitzen sich Personen gegenüber, darf keine „Blumenwand“ zwischen ihnen den Sichtkontakt behindern. In der Regel sind Tischgestecke deshalb sehr niedrig (oder im Gegenteil so hoch, auf Ständern, dass der eigentliche Blumenschmuck über den Köpfen schwebt).
- Girlanden sind also ein idealer Tischschmuck. Wickeln Sie dafür Rosen und Beiwerk ganz schlicht nach Art eines Kranzes (Seite 54/55), aber statt auf Draht auf eine dicke Kordel, die Sie zum Wickeln irgendwo festmachen. Die Girlande ist biegsam, lässt sich beliebig platzieren. Sie ist schnell gefertigt, hält frisch gerade

Erdbeeren und Rosen harmonieren in Farbe und Duft.

Gut behütet – kostbare Duftrosen unter der Glasglocke

eine Mahlzeit lang, kann später eintrocknen. Sie ist fürs Auge reizvoll, aber nicht aufdringlich, und sie kann gut mit anderen kleinen Rosendekos wie gestreuten Blütenblättern und Einzelblumen kombiniert werden.

Farbe und Duft

Die Farben der Blumen sollten nicht nur untereinander und aufs Geschirr abgestimmt werden. Sie müssen vor allem zum Essen passen.

Noch kniffliger wird die Sache bei den Gerüchen. Die Aromen der Speisen und Getränke sollen ja nicht von intensivem Rosenduft verdrängt werden. Es sei denn, es handelt sich um ein Rosen-Menü, das selbst den gleichen Duft verströmt. Damit macht man den Duft zum Thema des Ganzen. Dann dürfen Sie auch aus dem Vollen schöpfen und sogar spezielle Duftfloristik kreieren wie den oben gezeigten Glassturz.

SMART

Girlande ganz fix

- **Für diese Variante** saubere Efeu- oder Weinranken mit zierlichem Schmuckband in passender Farbe umschlingen.
- **In gewünschter Linienführung** auf den Tisch legen und Rosen schräg dazwischenstecken.
- **Bechergläser** mit Teelichten oder Rosen entlang der Linie aufstellen.
- **Frische** Rosenblütenblätter dazwischenstreuen.

Gedeck- & Serviettenschmuck

Das ist etwas Besonderes! Klein und fein – floristische Serviettendekorationen sind das i-Tüpfelchen eines festlich gedeckten Tisches. Rosen wiederum sind geradezu prädestiniert für diese Rolle aufgrund ihrer Form und eleganten Erscheinung.

Bei einer Tafel, an der jeder Platz extra geschmückt ist, fühlt sich auch jeder Gast persönlich angesprochen. Es bieten sich verschiedene Möglichkeiten für blumige Dekorationen an. Sie können den Teller als Ausgangspunkt nehmen und seiner Form mit einer halbrund gelegten Girlande folgen. Eine witzige Idee ist ein Platzdeckchen, das aus zwei Lagen Laminierfolie besteht, zwischen die Rosenpetalen, Rosenlaubblätter und andere flache Pflanzenteile eingeschweißt wurden.

Einzelne Rose in festlichem Serviettengewand

Rose im Zentrum

Am augenfälligsten ist aber die Stelle im Zentrum des Gedecks, also auf dem Teller. Dort lassen sich gerade mit den vielfältigen Rosen die unterschiedlichsten Kreationen herstellen. Die klassische, schnelle Art: Eine voll erblühte Rose mit nicht zu langem Stiel wird quer, längs oder schräg auf die Serviette gelegt.
Die Variante dazu: Die Rose wird auf 5–6 cm Stiellänge gekürzt und in ein Orchideenröhrchen gesteckt. Das hat ein Loch im Gummideckel, der sich an den Stiel anschmiegt. Dann wird das Röhrchen und der Stiel der Rose bis unter die Blüte mit Kautschukband (Floristenbedarf) stramm abgewickelt, sodass das Wasser im Röhrchen nicht so leicht auslaufen kann. Eventuell können Sie zum Kaschieren noch ein Efeublatt mit dünnem Zierdraht darumwickeln. Damit wäre eine Mini-Deko fertig, die Sie auf den Teller oder die Serviette legen können. Oder das Röhrchen wird in eine Serviette eingeschlagen – die Rose schaut heraus – und mit Naturbast oder einer Zierkordel zusammengebunden. Wenn die Serviette ein schönes Spitzenmuster hat oder vielleicht zweifarbig schimmert, kann man sie recht wirkungsvoll mit der Rosenblüte auf dem Teller drapieren. Zur Vorsicht sollten Sie gefüllte Wasserröhrchen immer in leichter Schräglage anordnen. Mit der Serviette lässt sich das

Besonders elegant und schön für Hochzeiten ist die Rose im Füllhorn.

leicht bewerkstelligen. Ebenfalls ein Wasserröhrchen benötigen Sie für die „Rose im Füllhorn“. Das Röhrchen wird locker mit gebleichter Sisalwatte umlegt. Etwas Sprühkleber sorgt für Festigkeit. In den Händen wird nun die Sisalfaser gedrückt, gebogen und solange geformt, bis ein krummes Hörnchen zu sehen ist. Als eleganten Reflexpunkt können Sie eine silberne oder goldene Dekorationsstecknadel in die Mitte der Blüte stecken.

SMART Tipp

› **Wenn Sie Gäste** zum Essen haben, überraschen Sie diese mit einem kleinen Geschenk: Den floralen Serviettenschmuck mit Rose darf zum Schluss jeder zur Erinnerung mit nach Hause nehmen. Da freut sich das Herz!

Schöne Ergänzungen

Solcher Gedeck- und Serviettenschmuck verträgt sich gut mit weiteren feinen Rosenarrangements auf dem Tisch, etwa eine Schale mit Rosenblüten oder vereinzelt gestreute Rosenblütenblätter. Übrigens können Sie das Ganze auch mit Trockenrosen machen. Dann können Sie auch auf das Röhrchen und die Wasserversorgung verzichten. Allerdings haben Trockenrosen ja ein eher mattes Aussehen und sollten deshalb als optischer „Appetizer“ ein wenig aufgepeppt werden. Verwenden Sie glänzende und glitzernde Materialien dazu, von Bouillondraht über Perlen bis zu Strasssteinchen.

Rosen in Eis

Das Auge isst mit, sagt man. Speisen und Getränke mit Rosenaroma sind etwas Ausgefallenes. Man sollte sie auch extravagant dekorieren: mit Rosen – eisgekühlt.

Eiswürfel

Heißes Wetter, Gartenparty. Rosenbowle wird gereicht. Ein wundervoller Duft entsteigt dem Glas. Der Clou: Eiswürfel mit eingefrorenen Rosenblüten sorgen für die passende Optik und kühlen gleichzeitig das erfrischende Getränk. Was so toll aussieht, ist gar nicht schwer zu machen. Rosenbowlenrezepte finden Sie in Kapitel 1. Die Eiswürfel werden folgendermaßen zubereitet: Möchten Sie ganze Blüten oder Knospen einfrieren, waschen Sie diese und schütteln Sie sie aus. Legen Sie die Teile in die Fächer eines handelsüblichen offenen Eiswürfelbehälters und füllen Sie kohlensäurefreies Mineralwasser auf. Sie sollten lediglich darauf achten, dass die Fächer nicht zu klein sind. Es macht nichts, wenn die Blüten oben schwimmen und die Spitzen der Blütenblätter aus dem Wasser ragen. Das sieht sogar ganz hübsch aus, in der Bowleschüssel als auch in einer Servierschale.

Kühlen und dekorieren zugleich – Eiswürfel mit eingefrorenen Rosenblüten für die Rosenbowle oder -limonade

Ganz in Eis

Wenn Sie sehr kleine, vielleicht mehrere Blüten und Knospen oder einzelne Rosenblütenblätter so einfrieren möchten, dass sie ganz vom Eis umschlossen sind, sollten Sie einen Eiswürfelbehälter mit Deckel verwenden. Dieser hält die Blüten unter Wasser. Oder Sie frieren die Blüten zunächst mit der halben Menge Wasser ein, füllen dann komplett auf und frieren alles ein. Außer Rosen können natürlich auch andere essbare Blüten eingefroren werden, etwa Geranien- oder Borretschblüten.

Eis und Eis verträgt sich gut

Eine besonders originelle Idee ist es, den Gästen Eis auf Eis zu präsentieren. Wenn Speiseeis nicht in Portionen gereicht werden soll, sondern (zum Beispiel auf dem Büffet) zur Selbstbedienung gedacht ist, bietet sich diese Lösung an.
Für eine solche Servierschale aus Eis benötigen Sie zwei unterschiedlich große Glasschüsseln. Die Durchmesser sollten eine Differenz von 8–10 cm haben. Die größere wird zu einem Viertel mit kohlensäurefreiem Mineralwasser gefüllt. Sie streucn einige Rosenblütenblätter darauf und stellen die kleinere Schüssel hinein. Damit diese nicht hin und her schwimmt, halten Sie sie in der Mitte und verbinden sie mit der äußeren an zwei Stellen mit Klebeband. Lassen Sie nun das Wasser im Gefrierschrank zu Eis werden. Verfahren Sie so Schicht um Schicht, bis die Wandung hoch genug ist. Blütenblätter schwimmen, sodass sie später in waagerechten Linien im Eis liegen. Besser sichtbar sind ganze Rosenköpfe und Fruchtstücke, etwa von Zitronen. Bei Zimmertemperatur so weit antauen lassen, dass Sie die Schüsseln entfernen können. Die Eisschale auf einen tiefen Teller stellen. Sie hält einige Stunden.

Der Hingucker auf jedem Büffet – Vanilleeis im Roseneis

SMART

Wasser & Eis

› **Wenn Sie normales** Leitungswasser gefrieren, wird das Eis trübe. Klar wird nur Eis aus kohlensäurefreiem Mineralwasser oder destilliertem Wasser, das aber nur für Dekozwecke, nicht zum Verzehr bestimmt ist.

Infoecke

Infos & Bezugsquellen

Viele Roseninfos (z. B. Rosengärten, Rosenbücher, 2000 Duftrosen von A–Z):
- www.welt-der-rosen.de

Rosenküche (Blütenblätter, Produkte):
- www.bergler-fischer.de (hier auch Restauranttipps)
- www.lacon-rosen.de
- www.rosenhof-bermuthshain.de
- www.ehenbachtal.de
- www.bluetenschmaus.ch
- www.vitanatura.de
- www.rosenparadies.net
- www.marinello.ch
- www.woerners-schloss.de

Rosenblütenblätter (Deko):
- www.arosie-design.de

Ätherische Öle + Zubehör:
- www.aromara.de
- www.primavera-life.de
- www.phytofit.de

Aromatherapie:
- www.heilpraktikerverband.de

Parfum-Glossar:
- www.b-treude.de/duftlexikon.htm

Rosenseifen, -kosmetik, -potpourri:
- www.torquato.de
- www.rosenhof-schultheis.de

Weiterführender Link:
- www.gartenlinksammlung.de

Zur Autorin

Monika Kratz ist freie Journalistin und Autorin im Fachbereich Floristik und schreibt für verschiedene Special-interest- und Fachzeitschriften.
Sie hat viele Bücher zum Thema Gestalten mit Blumen geschrieben und lebt in Kerpen/Rheinland.

Dank

Für die Auskünfte über Rosenblütenernte und allerlei Tipps ein herzliches Dankeschön an die Produzentin köstlicher Rosenzubereitungen, Frau Bergler-Fischer, deren Produkte über Versandfirmen vertrieben und von Restaurants weiterverarbeitet werden.

Weitere Rosenbücher

- **Brumme, Hella u. Dietze, Peter: Taschenatlas Rosen. Mehr als 300 Rosen für den Garten.** Verlag Eugen Ulmer, Stuttgart 2003.
- **Eve, André u. Vialard, Noémie: Rosen. Auswählen, pflanzen, pflegen.** Verlag Eugen Ulmer, Stuttgart 2004.
- **Haenchen, Eckart: Die richtigen Rosen für meinen Garten.** Verlag Eugen Ulmer, Stuttgart 2002.
- **Haenchen, Eckart: Rosen pflegen und schneiden.** Verlag Eugen Ulmer, Stuttgart 2002.

Bildquellen

CMA: S. 8
GBA/GPL: S. 43, U3 li
PRIMAVERA LIFE GmbH: S. 32, 33, 34, 35
Ralf Leinburger, Köln: S. 17 (U3 Mi)
Stockfood/Bender, Uwe: Titelfoto
Stockfood/FoodPhotography Eising: S. 25, 58, 60
Stockfood/FoodPhotography: S. 21
Stockfood/Garlick, Ian: S. 52
Stockfood/Krieg, Roland: S. 13, 27, 31, 40/41 (1 re), 49
Stockfood/Langlois, Claude: S. 29
Stockfood/Maximilian Stock Ltd: S. 22/23 (1 li), 54
Stockfood/Newedel, Karl: S. 4/5 (U2 re)
Stockfood/Rees, Peter: S. 15
Stockfood/Simon Smith Photography Ltd.: S. 61
Stockfood/Bischof, Harry: S. 20
Friedrich Strauß, Au/Hallertau: S. 2/3 (U2 li), 9, 11 (U4 re, 63 re), 26, 44, 45 (U4 li, 62 li), 46, 47 (63 li), 48, 51, 53, 55, 56 (62 re), 57, 59, 64
Wolfgang Redeleit, Bienenbüttel: S. 7, 14, U3 re
Werner Ruf, Niedernhall: S. 36, 37
Fridhelm Volk, Stuttgart: S. 17, 19, 39, 50

Impressum

Bibliografische Information der Deutschen Bibliothek
Die Deutsche Bibliothek verzeichnet diese Publikation in der Deutschen Nationalbibliografie; detaillierte bibliografische Daten sind im Internet über http://dnb.ddb.de abrufbar.

Wollgrasweg 41
70599 Stuttgart
Internet: www.ulmer.de

Lektorat: Anke Ruf
Covergestaltung und Layout: X-Design, München
DTP: juhu media, Susanne Dölz, Bad Vilbel
Druck und Bindung: Litotipografia-editrice Alcione, Trento
Printed in Italy

ISBN-10: 3-8001-4911-7
ISBN-13: 978-3-8001-4911-7

▸ **Klein, Henry: Rosen pflegen – richtig, einfach, erfolgreich.** Verlag Eugen Ulmer, Stuttgart 2005.

▸ **Rix, Martyn u. Phillips, Roger: Rosarium. Ulmers großes Rosenbuch. Die besten Sorten für Garten und Wintergarten.** Verlag Eugen Ulmer, Stuttgart 2005.

▸ **Schroers, Olaf u. Erlbacher, Hilde: Floristische Kostbarkeiten mit Rosen.** Verlag Eugen Ulmer, Stuttgart 2002.

▸ **Schultheis, Heinrich: Rosen – Frische Ideen und bewährte Sorten.** Verlag Eugen Ulmer, Stuttgart 2005.

Haftung

Die Autorin und der Verlag haben sich um richtige und zuverlässige Angaben bemüht. Fehler können jedoch nicht vollständig ausgeschlossen werden. Eine Garantie für die Richtigkeit der Angaben kann daher nicht gegeben werden. Haftung für Schäden und Unfälle wird aus keinem Rechtsgrund übernommen.

Kluge Tipps für SMART-KIDS

Schlaue Extras

Rosen sind tolle Blumen. Es gibt sie in allen Farben außer Blau. Viele duften, viele pieksen auch. Ihr könnt die Blüten in die Vase stellen oder trocknen. Ihre Früchte, die Hagebutten, sind gut zum Basteln und für leckeren Tee.

Möchtet ihr einmal selbst den Tisch mit Blumen schmücken? Dann ist so ein Setzkasten aus Zink genau das Richtige. In die einzelnen Fächer könnt ihr kleine Gläser, Eimerchen oder Joghurtbecher stellen. Diese füllt ihr mit Wasser und stellt kurze Röschen hinein, auch mal eine dicke Rosenblüte, dazu Duftkräuter und Blümchen aus dem Garten. Das geht ganz leicht und sieht schön aus!